Hilkenbäumer/Ritsch

Schnitt der Obstgehölze

Prof. Dr. Friedrich Hilkenbäumer
Hans-Georg Ritsch

Schnitt der Obstgehölze

15. Auflage

Naturbuch Verlag

CIP-Titelaufnahme der Deutschen Bibliothek

Hilkenbäumer, Friedrich; Ritsch, Hans-Georg:
Schnitt der Obstgehölze / Friedrich Hilken-
bäumer, H.G. Ritsch. – 15. Aufl. –
Augsburg: Naturbuch Verl., 1995
ISBN 3-89440-191-5

Naturbuch Verlag

Umschlaggestaltung:
Peter Engel, Grünwald
Photos: Hans-Georg Ritsch
Zeichnungen: Hans Preuße
Satz: 9/10 p Candida von Cicero Lasersatz GmbH & Co, Augsburg
Gesamtherstellung: Wiener Verlag, Himberg
Printed in Austria
ISBN 3-89440-191-5

Vorwort

Bei Pflegearbeiten an Obstgehölzen nimmt der Obstschnitt eine zentrale Rolle ein. Trotzdem sind noch viele Fragen ungeklärt. Auch die zahlreichen nationalen und internationalen Abhandlungen über Schnittmethoden haben nicht in allen Punkten zur Klarheit beigetragen.

Die immer wieder auftretenden Unsicherheiten sind z. B. dadurch bedingt, daß Obstsorten nicht nur verschiedene Wuchsstärken aufweisen, sondern auch unterschiedliche Wuchscharaktere zeigen und auf ein und diesselbe Maßnahme recht unterschiedlich reagieren. Hinzu kommt, daß das Wachstum auf verschiedenen Unterlagen und auf verschiedenen Standorten bei ein und derselben Sorte sehr verschieden ist, und auch die Fruchtbarkeit bei gleichen Sorten unter verschiedenen klimatischen Bedingungen unterschiedlich verläuft.

Neue Erkenntnisse insbesondere im physiologischen Bereich, also im Hinblick auf die Lebensvorgänge im Obstbaum und die teils rasante Entwicklung auf dem Sektor der Obstunterlagen haben zu teilweise völlig neuen Problemen geführt.

Mit der Überarbeitung eines bekannten Buches über den Obstbaumschnitt hofft der Verfasser zur weiteren Klärung und zum besseren Verständnis dieser Materie beizutragen. Dem Verlag gebührt Dank für die Bereitschaft dieses Buch in neuer Ausstattung auf den Markt zu bringen.

Witzenhausen, im November 1990 Hans-Georg Ritsch

Inhalt

Zur Einführung: Wichtige Begriffe und ihre Bedeutung

Mit Hilfe des Obstbaumschnittes ist die Möglichkeit gegeben am jungen wie auch am vollentwickelten und am alternden Baum im gesamten Kronenraum das *physiologische Gleichgewicht* zwischen Trieb und Ertrag herbeizuführen und zu erhalten.

Es läßt sich feststellen, daß eine Abkehr von streng erzogenen Baumformen stattgefunden hat. In Erkenntnis der natürlichen Entwicklung eines Baumes wird heute vom *naturgemäßen Schnitt* gesprochen. Unter diesem Begriff wird eine Kronenbehandlung verstanden, die »später keine wesentlichen Korrekturen« (Kemmer) erforderlich macht. Eine jährliche Überwachung der jungen Triebe gibt der Krone auf der einen Seite Stabilität, auf der anderen Seite wird die Fruchtbarkeit früh eingeleitet und laufend und lange erhalten.

Die einzelnen Schnittmaßnahmen orientieren sich an den einzelnen Entwicklungsperioden der Obstgehölze. Im einzelnen sind das: *die Jugendperiode (JP), die zunehmende Ertragsperiode (ZP), die Vollertragsperiode (VP), die abnehmende Ertragsperiode (AP)* und *die Altersperiode (= Abgangsstadium).*

Die *Jugendperiode* ist durch kräftige und lange Triebbildung gekennzeichnet. Die Triebe stehen im spitzen Winkel zur Stammachse = Mitteltrieb.

In der *zunehmenden Ertragsperiode* werden verstärkt Seitentriebe gebildet, es entstehen mehrjährige Äste. Die Winkel der gebildeten Äste und Jungtriebe sind aber immer noch verhältnismäßig spitz.

Volle Kronenentwicklung kennzeichnet die *Vollertragsperiode.* Die Baumkrone besitzt zahlreiche verzweigte Äste und Zweige. Die äußeren Kronenteile senken sich, der jährliche Zuwachs läßt nach und die jüngeren Astwinkel werden stumpfer.

Die *abnehmende Ertragsperiode* zeigt in der Krone verminderten Längenzuwachs aller Neutriebe, es wird nur noch kurzes und schwaches Fruchtholz gebildet. Blüten und Früchte werden deutlich kleiner und die Alternanz (jährlich schwankende Erträge) nimmt deutlich zu. Äußere

Kronenteile hängen über (Überbauung) oder sind nach unten gerichtet.
In der *Altersperiode* findet kaum noch Zuwachs statt. Blätter, Blüten und Früchte bleiben klein.
Die Dauer der einzelnen Perioden schwankt je nach Obstart, Sorte, Unterlage und Standort. Längere Lebensdauer eines Obstbaumes ist in der Regel mit einer längeren Jugendperiode verbunden.
Mit dem Schnitt kann man regulierend eingreifen. Mäßiger Rückschnitt oder gar Unterlassung verkürzt die Jugendperiode, scharfer Rückschnitt verlängert sie. Die Vollertragsperiode kann durch einen der Wuchsstärke des Baumes angepaßten Schnitt (naturgemäß) verlängert werden, durch scharfen Schnitt wird sie verkürzt. Ein scharfer Eingriff in die Krone kann bei gesunden Bäumen die abnehmende Ertragsperiode hinauszögern, durch Vernachlässigung des Schnittes wird die Altersperiode früher erreicht.
Die Anpassung an die einzelnen Entwicklungsperioden der Obstgehölze wird mit Hilfe verschiedener Schnittarten erreicht.
Der *Erziehungs-* oder *Aufbauschnitt* umfaßt die Periode der Jugendentwicklung und reicht je nach Obstart, Unterlage und Standort bis in die Periode des zunehmenden Ertrages hinein. Der Erziehungsschnitt beginnt mit dem Pflanzschnitt, also unmittelbar bei oder nach der Pflanzung. Er ist in der Durchführung abhängig vom Alter der Krone und der beabsichtigten Baum- und Kronenform, die zu diesem Zeitpunkt endgültig festgelegt wird.
Bereits während der zunehmenden Ertragsperiode geht der Erziehungsschnitt über in den *Instandhaltungsschnitt.* In dieser Phase wird zu dicht stehendes und nach innen gerichtetes Holz weggeschnitten. Der Rückschnitt der Leit- und Seitenäste wird, von Ausnahmen abgesehen, eingestellt. Zur Erhaltung der vorgegebenen Kronenform wird mit dem Übergang von der zunehmenden Ertragsperiode in die Vollertragsperiode der *Überwachungsschnitt* durchgeführt. Während dieser Zeit soll mit dem Überwachungsschnitt erreicht werden, daß später nicht zu viele stärkere Äste entfernt werden müssen, die größere Wunden hinterlassen. Trotz aller durchgeführten Schnittmaßnahmen läßt es sich nicht vermeiden, daß auch bei natur-

gemäßer Kronenbehandlung in den einzelnen Jahren ein Austausch abgetragener und stärkerer Äste vorzunehmen ist. Mit Hilfe des *Auslichtungsschnittes* werden trotz der Überwachung zu dicht gewordene Kronen wieder lichter gestaltet. Beide Maßnahmen – Überwachung und Auslichtung – schließen sich nicht aus, sie ergänzen sich.

Durch hohe Ertragsleistungen und natürliche Entwicklung wächst der Baum in die abnehmende Ertragsperiode, ohne bereits die Alterung erreicht zu haben. Jetzt beginnt die Erneuerung. Hier ist zwischen dem *Verjüngungsschnitt* und dem *Umpfropfen* zu entscheiden. Wichtig ist, daß der Verjüngungsschnitt nicht erst einsetzt, wenn eine deutliche Überalterung erkennbar ist, d. h. der Baum bereits die Neutriebbildung eingestellt hat, Fruchthölzer zu kurz und Blüten zu klein bleiben. Dieser Zustand wird bei Bäumen auf schwachwachsender Unterlage verhältnismäßig frühzeitig eintreten. Der nun erforderliche Verjüngungsschnitt bedingt eine kräftigen Eingriff im gesamten Kronenbereich, so daß 50–60% des Kronenvolumens entfernt werden. Dabei wird zur Erhaltung der vorliegenden Kronenform nach den Grundsätzen des Erziehungsschnittes vorgegangen. Als Reaktion auf diesen Eingriff bildet der Baum viele kräftige Triebe, die in den folgenden zwei bis drei Jahren nachbehandelt werden müssen.

Mit Hilfe der Umveredlung – dem *Umpfropfen* – werden etwa nicht mehr gefragte Sorten durch andere ersetzt. Es ist allerdings zu entscheiden, ob auf Grund des Alters und des Gesundheitszustandes des Baumes ein Umpfropfen noch sinnvoll ist. Das Umpfropfen sollte möglichst wenig des alten Astgerüstes erhalten. Wie beim Verjüngungsschnitt müssen umveredelte Kronen einige Jahre wie junge Kronen geschnitten werden, um ein tragfähiges Gerüst aufzubauen.

Das Wachstum der Obstbäume vollzieht sich nach Gesetzmäßigkeiten, den sogenannten Wirkungsgesetzen. Entsprechend reagieren Obstbäume auf Schnittmaßnahmen. Zwei Begriffe müssen erklärend vorangestellt werden. Mit Hilfe des *Rückschnittes* wird ein Trieb oder Ast eingekürzt, etwa bei der Durchführung des Aufbau- oder Verjüngungsschnittes. Mit dem *Wegschnitt* wird was zuviel ist, oder ungünstig in der Krone steht, an der Entstehungsstelle entfernt.

Das natürliche Wachstum der Obstbäume wie auch die Reaktion auf verschiedenartige Eingriffe vollzieht sich nach dem *Gesetz der Spitzenförderung* oder Akrotonie. Diese Gesetzmäßigkeit besagt, daß stets die Knospe am stärksten austreibt, die in der Krone am höchsten steht, also in der Kronenspitze. Das gilt nicht nur für die Stammverlängerung, sondern auch für die Knospen nachgeordneter Kronenteile, allerdings je nach Rangordnung und Stellung der Äste mit geringerem Austrieb. Dieses Gesetz gilt auch für Knospen, die nach einem Rückschnitt in der Krone am höchsten stehen, also in der Regel endständige Knospen. Bei waagerechter Aststellung wird nicht nur die Endknospe gefördert, sondern auch die auf der Oberseite des Triebes angeordneten Knospen. Man spricht von der sogenannten *Oberseitenförderung.* In dem Fall, in dem ein Trieb so stark abgebogen ist, daß die Endknospe nach unten zeigt, erfolgt der Austrieb der Knospen am stärksten, die auf dem höchsten Punkt des gebogenen Triebes stehen. Hier handelt es sich um die sogenannte *Scheitelpunktförderung.* Ein Trieb kann auch bereits an der Basis, also am Punkt seiner Entstehung, nach unten abgebogen sein. Dann kommt es zum Austrieb einer Basisknospe. Man spricht von der *Basisförderung* oder der Basitonie.

Die Beachtung der Gesetzmäßigkeit der Spitzenförderung ist schon deswegen erforderlich, und zwar bei allen Baum- und Kronenformen, damit die unteren Kronenteile breiter bleiben als die oberen, d. h. damit der sogenannten Überbauung der Krone vorgebeugt wird.

Ein weiteres Wirkungsgesetz ist von ebenso großer Bedeutung: Das *Gesetz von der Stärke des Rückschnittes.* Dieses Gesetz besagt, daß je nach Stärke des Rückschnittes mehr oder weniger starker Austrieb erfolgt. Einfach ausgedrückt: starker Rückschnitt (mehr als 50% der Trieblänge) = starker Austrieb, schwacher Rückschnitt (weniger als 50% der Trieblänge) = schwacher Austrieb. Es ist allerdings zu berücksichtigen, daß es im Zusammenwirken von Spitzenförderung und Stärke des Rückschnittes zu einer Umkehrung des Gesetzes von der Stärke des Rückschnittes kommen kann, wenn einer oder mehrere Triebe durch starken Rückschnitt anderen gleichrangigen Trieben in der Länge untergeordnet werden. Man merke sich: Es treibt immer die am höchsten stehende Knospe am stärk-

sten aus, oder: Die Wirkung der Spitzenförderung ist stärker als die Wirkung des Rückschnittes.
Bleibt als dritte Gesetzmäßigkeit noch die sogenannte *Saftwaage* zu erwähnen. Während die beiden vorgenannten Gesetzmäßigkeiten sich in ihrer Wirkung auf den vertikalen Bereich der Krone beziehen, wirkt die Saftwaage im horizontalen Bereich der Krone. Unter Saftwaage versteht man, daß alle Knospen, die auf einer Ebene angeordnet sind, gleich langen Austrieb hervorbringen. Diese Erkenntnis ist wichtig, wenn beispielsweise beim Rückschnitt von Seitenleitästen während des Erziehungsschnittes die Endknospen auf gleicher Höhe angeordnet werden müssen und zwar unabhängig von der Triebstärke. Hier erfolgt eine Gleichstellung aller Äste oder Triebe gleicher Rangordnung.
Baumformen werden normalerweise durch die Stammlänge bestimmt. Die Stammhöhen sind nach den vom Bund Deutscher Baumschulen (BDB) entwickelten DIN-Normvorschriften festgelegt, wobei im Erwerbsobstbau wie auch im Hobby- und Hausgartenbereich die Verwendung kleinerer Baumformen überwiegt.
Kronenformen stellen den Aufbau der Krone mit oder ohne Mitteltrieb dar.
Die bekannteste Kronenform ist die Krone mit Mitteltrieb (Pyramidenkrone). Eine Weiterentwicklung dieser Kronenform ist die sogenannte Dreiastkrone mit Mitteltrieb. In dieser Kronenform kommt zum Ausdruck, daß neben dem Mitteltrieb drei Seitenleitäste das Gerüst bilden und zwar auf die gesamte Lebensdauer des Baumes bezogen. Die weiteren sich nach oben bildenden Astansätze werden entfernt oder nach dem Jahr der Entstehung waagerecht gestellt (gebunden). Die Stellung der Seitenleitäste zum Mitteltrieb erfolgt in möglichst stumpfem Winkel. Dadurch wird die Krone nach oben geöffnet und belichtet und läßt eine langfristige Produktivität des Kroneninnenraumes zu. Die drei Seitenleitäste werden in der Regel gemäß des Zeitpunktes ihrer Entstehung auf einer Ebene als Leitastgruppe angesetzt. Um eine gewisse Entwicklungskonkurrenz untereinander auszuschalten, ist eine Leitaststreuung anzustreben, die lediglich den einen Nachteil hat, daß der Aufbau in verschiedenen Ebenen zwei bis drei Jahre länger dauert. Die Dreiastkrone mit Mitteltrieb hat den Vor-

teil eines stabilen Kronengerüstes, das heißt einer guten Raumausnutzung hinsichtlich der fruchttragenden Astflächen.
Nicht so bekannt und verbreitet ist die Krone ohne Mitteltrieb, auch Hohlkrone genannt. Üblich ist die Trichterkrone. Sie wird unter Entfernung des Mitteltriebes bei der Pflanzung, ein Jahr danach in der Regel aus drei bis vier Leitästen gebildet, die in der Höhe und Stellung gleichrangig sich jeweils wieder gabeln, so daß nach und nach ein Trichter oder Kessel entsteht. Die Trichterkrone läßt sich niedrig halten, weil kein Mitteltrieb »durchgehen« kann. Die Seitenleitäste sind leicht zu bearbeiten und abzuernten. Es ist allerdings wichtig, durch geeignete Maßnahmen wie etwa »Spreizen« dafür zu sorgen, daß nicht ein Leitast versucht in der Krone die Führung zu übernehmen. Ein Nachteil der Trichterkrone liegt in der Gefahr des Ausschlitzens ganzer Äste bei Vollbehang.
Man kann einer solchen Entwicklung vorbeugen, indem man aus einer Dreiastkrone mit Mitteltrieb eine kombinierte Kronenform entwickelt. In einer frei bestimmten Höhe wird der Mitteltrieb nach einer Aufbauphase entfernt. Eine solche Krone vereinigt die Vorteile der Trichterkrone mit der Stabilität der Dreiastkrone mit Mitteltrieb.
Vom Grundriß her beurteilt, kann man noch zwischen Rund- und Flachkronen unterscheiden. Als Rundkronen werden die beiden vorgenannten Kronenformen bezeichnet; den Spindelbusch alter Prägung kann man ebenfalls dazu rechnen. Flachkronen sind im Grundsatz nichts anderes als umgestellte Rundkronen. Die Flachkronen wurden aus Gründen der Technisierung, des rationellen Arbeitseinsatzes und der Nutzung schmaler Grundstücksteile entwickelt. Typisch für diese Entwicklung ist die Obsthecke. Die Erziehung des Einzelbaumes in einer Hecke, häufig auch als Spalier bezeichnet, vollzieht sich je nach Art und Form in der Regel nach den gleichen Grundsätzen, die bereits an anderer Stelle beschrieben wurde. Die Erziehung des Heckenbaumes erfolgt zwangsläufig mehr oder weniger streng. Auf diesem Gebiet haben sich in der Vergangenheit die verschiedensten Formen der Heckenerziehung entwickelt und tragen nicht selten den Namen des Erfinders. Gemeinsam ist allen Hecken- oder Spalierformen der größere finanzielle Aufwand zur Erstellung eines

stabilen, mechanischen Gerüstes zum Anbinden und Formieren und ein größerer Zeitaufwand für die Schnitt- und Bindearbeiten.
Besonders üblich im Erwerbsobstbau sind Kronen ohne Seitenleitäste. Hier verbinden sich mit schwachwuchserzeugenden Unterlagen verschiedene Formen der Spindelerziehung, die als stabilen Teil der Krone nur die Stammachse besitzen, um die herum sich schwächere Ertragsäste entwickeln, die von Zeit zu Zeit ausgetauscht und durch jüngere Äste ersetzt werden müssen. Die intensivste Form ist die sog. »Schlanke Spindel« oder auch »Pillar« genannt. Derartige Anbauformen setzen gute Standorte und die Verwendung schwachwachsender Unterlagen voraus.
Abschließend sei noch darauf hingewiesen, daß alle vorgestellten Schnittmethoden und Kronenformen in ihrer Anwendung eine Kombination aus Schneiden und Hilfsmaßnahmen wie Waagerechtstellen, Binden, usw. darstellen.

Zonen natürlicher Trieb- und Fruchtbildung bezogen auf die Entwicklungsperioden des Baumes

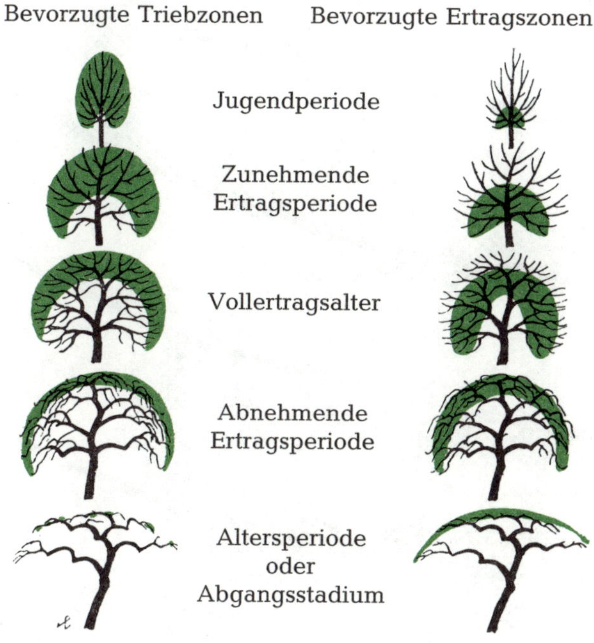

Im Laufe der Entwicklung der Krone in den einzelnen Lebensabschnitten finden Verlagerungen der Zonen für die Trieb- und Fruchtbildung statt. Sowohl Trieb- wie auch Fruchtbildung entwickeln sich im peripheren Bereich der Krone. Im Innenraum der Krone entstehen mit zunehmendem Alter reichlich unproduktive Zonen.

Zonen natürlicher Fruchtholzbildung bei bestimmten Sorten

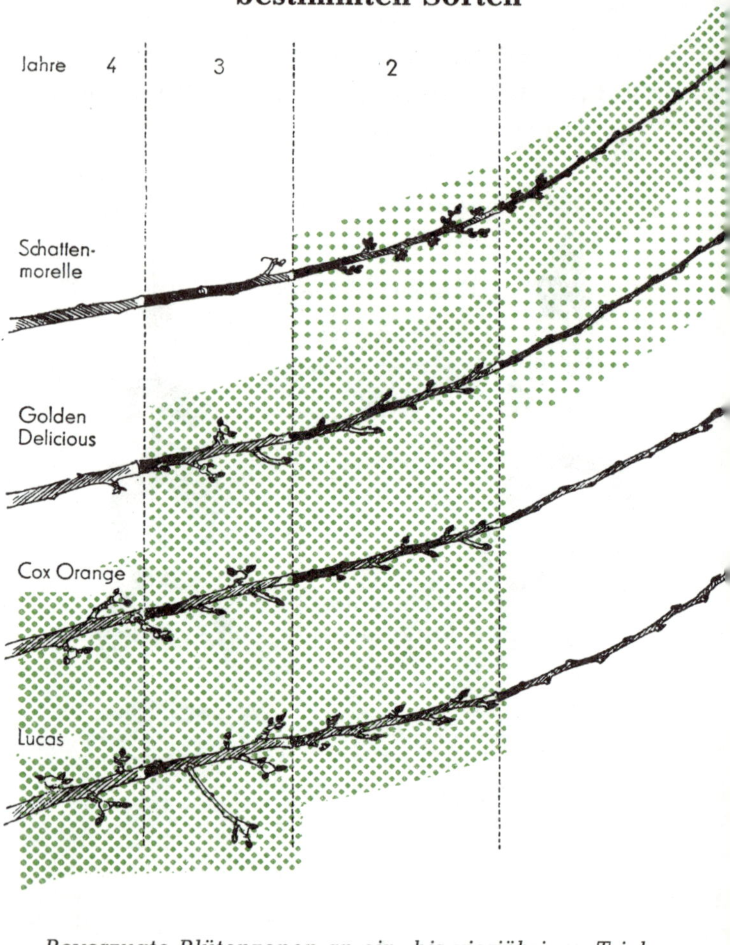

Bevorzugte Blütenzonen an ein- bis vierjährigen Trieben

Schattenmorelle und andere Steinobstarten blühen bevorzugt am einjährigen Holz. Der blühwillige Golden Delicious bildet meistens, der blühschwierige Cox selten Blüten am einjährigen Holz aus. Birnensorten verhalten sich ähnlich wie Cox. Grundsätzlich gilt, daß alle Obstarten vorwiegend am ein- bis dreijährigen Holz fruchten.

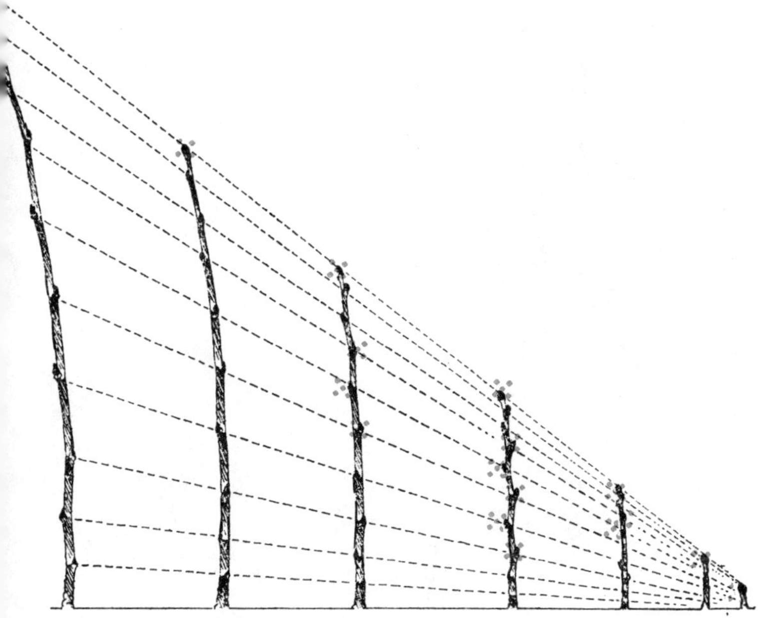

Bevorzugte Orte der Blütenbildung an unterschiedlich langen Trieben bei noch im Aufbau befindlichen Kernobstbäumen

Die Blütenknospenbildung beginnt mit der Endknospe. Sie wird um so mehr gefördert, je kürzer und je mehr der Trieb zur Waagerechten geneigt ist. Das heißt, daß in der Regel durch zu starken Schnitt oder Rückschnitt vermehrtes vegetatives Wachstum ausgelöst wird – zum Nachteil der Blütenknospenbildung.

Die Wirkung der Wachstumsgesetze

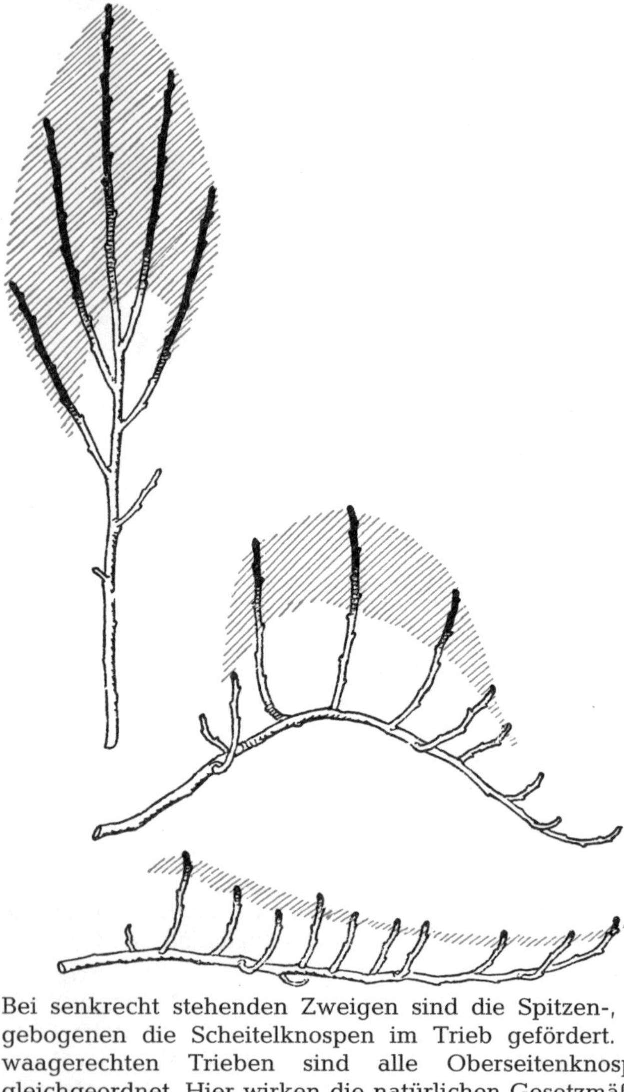

Bei senkrecht stehenden Zweigen sind die Spitzen-, bei gebogenen die Scheitelknospen im Trieb gefördert. An waagerechten Trieben sind alle Oberseitenknospen gleichgeordnet. Hier wirken die natürlichen Gesetzmäßigkeiten der Spitzen-, der Scheitelpunkt- und der Oberseitenförderung.

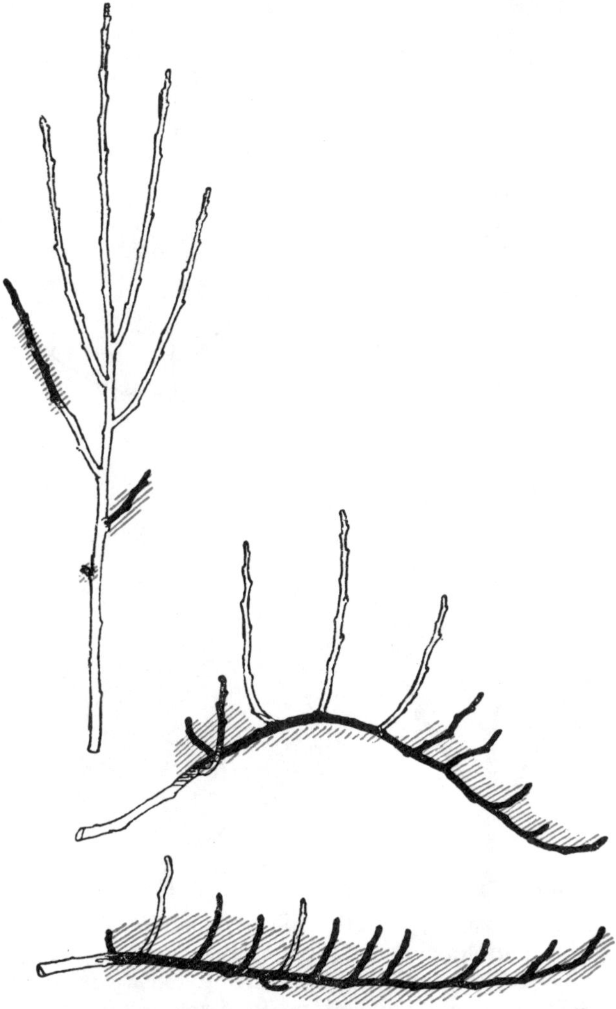

Fruchtknospen werden bevorzugt an schwachen Trieben, an Starktrieben bestimmter Sorten aber dann gebildet, wenn sie durch Schräg- oder Waagerechtstellung in der Krone untergeordnet werden. Diese Erkenntnisse werden in der praktischen Anwendung durch Waagerechtbinden von Trieben oder Zweigen genutzt.

Triebzonen

Bei falscher Erziehung der Seitenäste im steilen Winkel zur Mittelachse erfolgen einseitige Förderung höherer Kronenteile, Überbauung und Verkahlen der Astbasis. Bei richtigem Schnitt stehen die Leitäste im flachen Winkel. Die Jungtriebbildung wird bis zur Basis laufend neu angeregt. Der Kroneninnenraum bleibt außerdem unter dem Einfluß ausreichender Belichtung produktiv. Durch Regeneration aus dem Kroneninnenraum erreicht man eine Kronen- wie auch Standraumbeschränkung und ermöglicht den Austausch vegetativer wie generativer Triebbereiche.

Ertragszonen

Nur bei richtigem Schnitt sind baldiger Ertragsbeginn, erhöhter Jugendertrag, fortdauernde und regelmäßige Fruchtbildung an allen Kronenteilen gegeben. Die Ernte kann – im Gegensatz zur falsch erzogenen Krone – weitgehend vom Boden aus erfolgen.

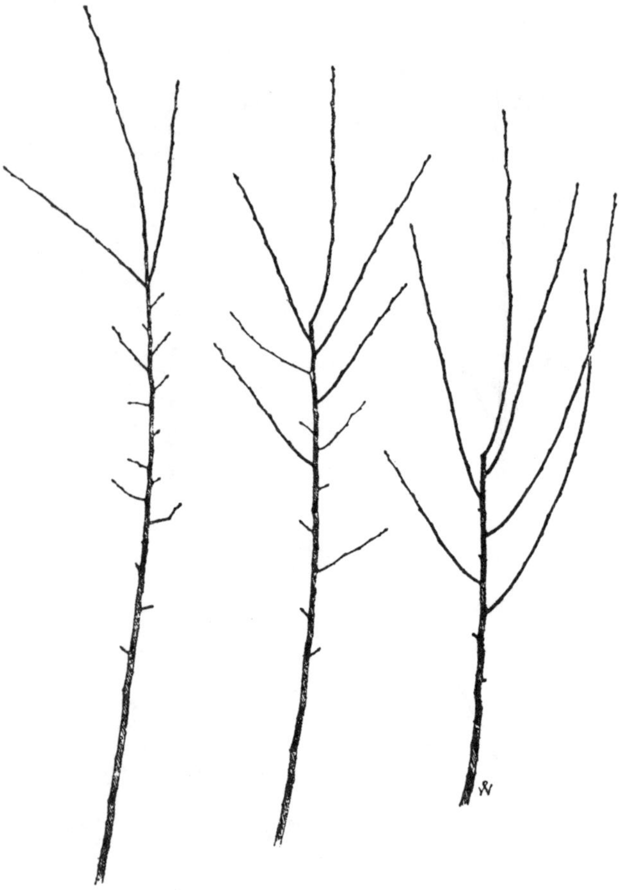

Auswirkungen des Schnittes auf den Austrieb einjähriger Langtriebe

Ohne Rückschnitt entstehen viele, schwächere und flacher stehende Kurztriebe, die beschleunigt zahlreiche Blüten bilden. Scharfer Rückschnitt führt zur Bildung einzelner starker Triebe, die steiler wachsen sowie weniger und verzögert blühen. Diese Gesetzmäßigkeit von der Stärke des Rückschnittes stellt ein Regulativ zwischen Wachstum und Fruchtbarkeit dar.

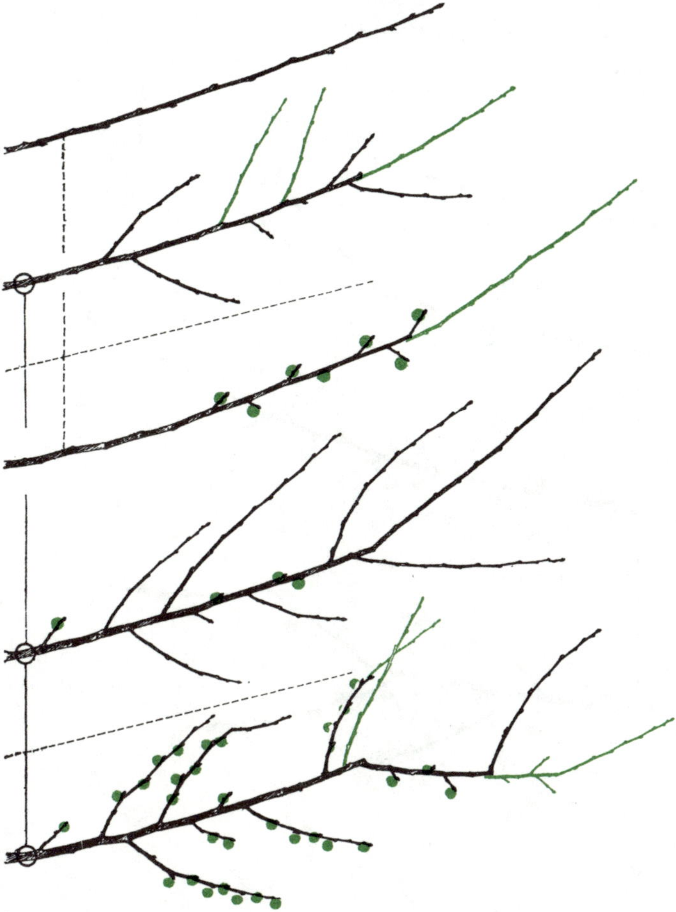

Umbildung starker einjähriger Jungtriebe von Cox zu Fruchtholz in Verbindung mit einer zweckmäßigen Schnittbehandlung

Bei allgemein starkem Wuchs bilden kräftige Triebe von Cox im zweiten Jahr keine Blüten aus oder diese fallen ab. Bei sehr vorsichtigem Schneiden, d. h. beim ausschließlichen Belassen des schwächeren Holzes am Ende des zweiten Jahres setzt das Fruchtholz zum dritten Jahr verstärkt Blüten und Früchte an. Apfelsorten mit ähnlichen Neigungen wie Cox sollten ebenso geschnitten werden.

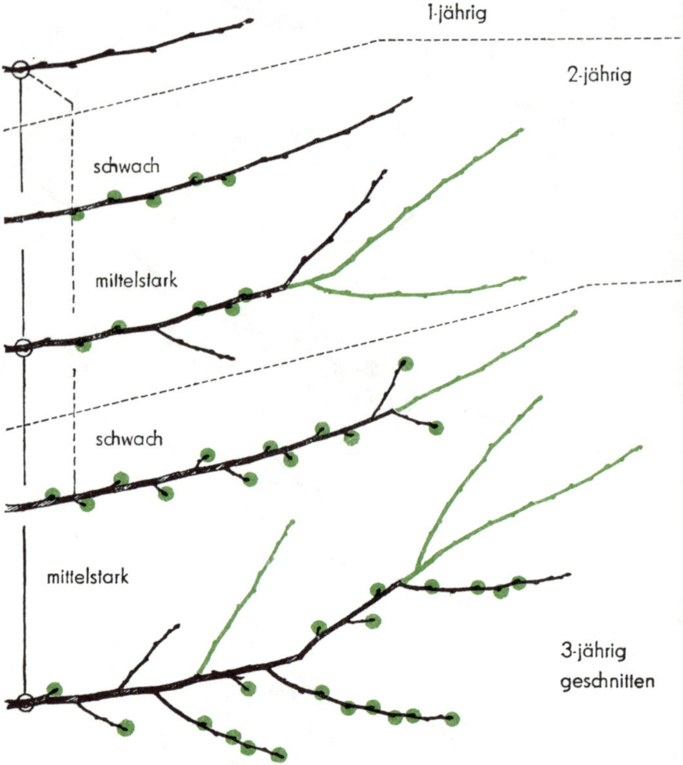

Umbildung schwächerer, schräg stehender Jungetriebe von Cox zu Fruchtholz und ihre zweckmäßige Schnittbehandlung

Schwächere und mehr waagerecht stehende Jungtriebe haben schon im zweiten Jahr zahlreiche Blütenknospen und wenig Triebzuwachs. Ein Ableiten oder ein vereinzelter Rückschnitt der Triebe auf die obere Blütenknospe des zweijährigen Holzes verhindert eine vorzeitige Vergreisung dieser fruchttragenden Äste.

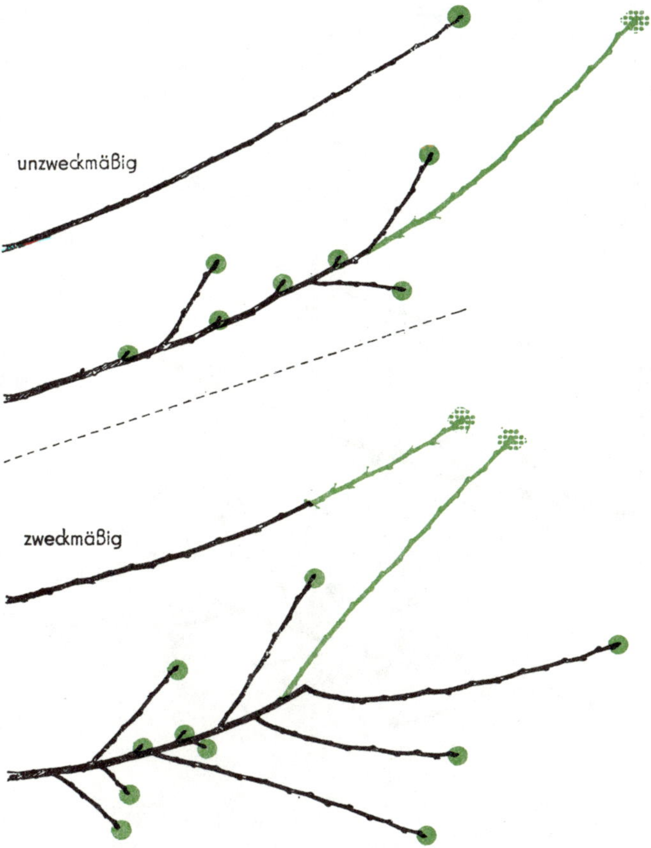

Fruchtbildung an starken einjährigen Jungtrieben von Golden Delicious und ihre zweckmäßige Schnittbehandlung

Bei dieser sehr blühwilligen Sorte entstehen auch an starken, einjährigen Trieben Blüten und Früchte, die zu so hohen Erträgen führen, daß es im Folgejahr zu Ertragsausfällen kommt. Um die Alternanz zu vermeiden, wird in diesem Fall ein Teil der einjährigen Triebe auf etwa die Hälfte eingekürzt, um einen zu hohen Fruchtansatz zu vermeiden.

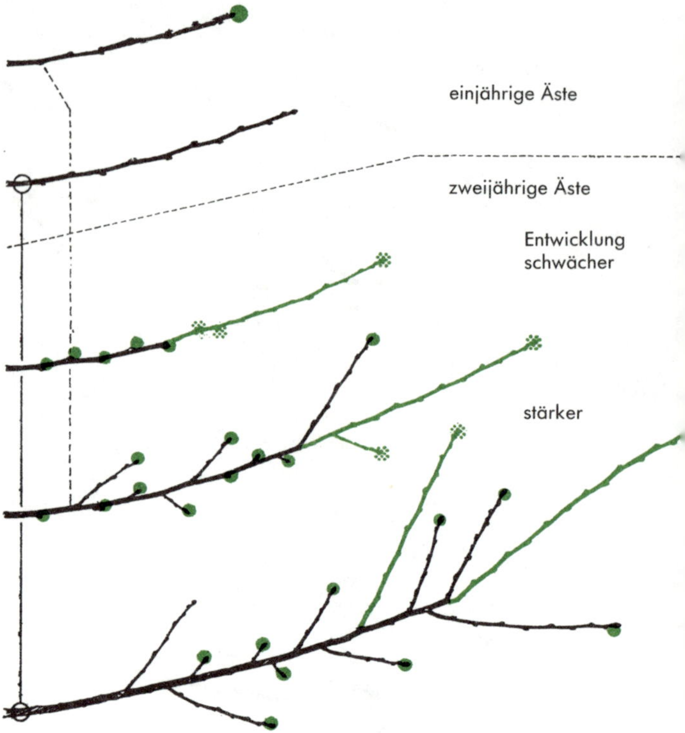

Fruchtholzbildung an schwachen bis mittelstarken Jungtrieben von Golden Delicious und ihre zweckmäßige Fruchtholzbehandlung

Schwächere einjährige Triebe von Golden Delicious bilden nur die Endknospe als Blüte aus. Ohne Rückschnitt setzen sie erst im zweiten Jahr stärker Blüten an. Schwächeres zweijähriges Fruchtholz ohne Neutrieb wird um die Hälfte eingekürzt. Etwas stärkere einjährige Fruchtäste werden entweder auf einen Seitentrieb abgeleitet oder nicht geschnitten.

Schnittechnik

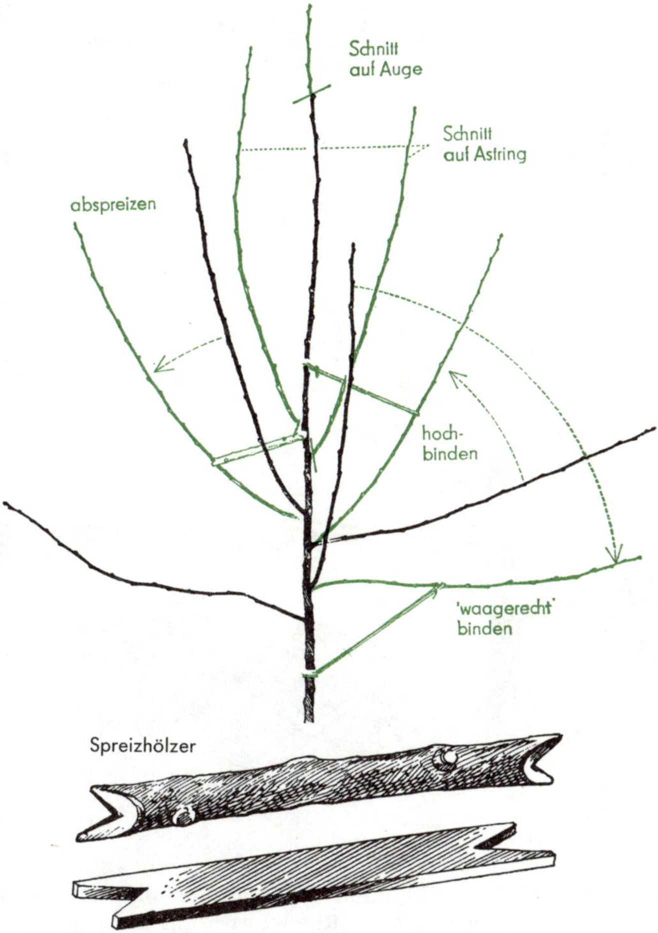

Abspreizen, Waagerechtbinden, Hochbinden

Zur Förderung des Gleichgewichts in der Krone werden zu steil stehende Triebe abgespreizt bzw. waagerecht gebunden. Zu waagerecht liegende, vor allem verhältnismäßig schwache Triebe sind aus dem gleichen Grund hochzubinden.

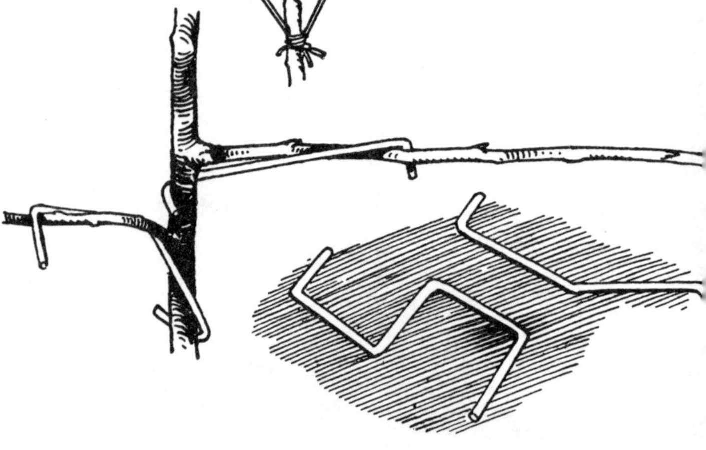

Statt des Waagerechtbindens können, vor allem an noch wenig verholzten Trieben, Klammern zum Schrägstellen verwendet werden. Die so entstandenen künstlichen Fruchtbögen treiben weniger, blühen rascher und reicher als kräftige, aufrechtstehende Triebe. Es empfiehlt sich bei Steinobst keine Klammern zu verwenden, da Rindenverletzungen zu Gummifluß führen können. Hier kann neben dem Waagerechtbinden der Einsatz von kleinen Betongewichten sehr hilfreich sein.

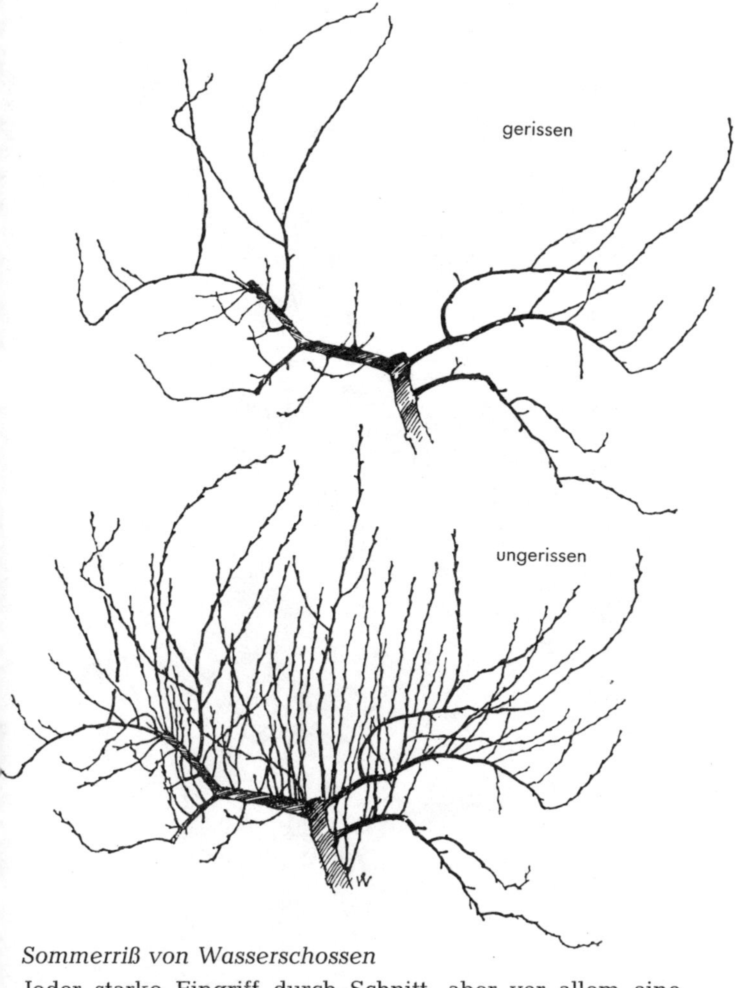

Sommerriß von Wasserschossen

Jeder starke Eingriff durch Schnitt, aber vor allem eine Beschränkung des Ast- bzw. Kronengerüstes führt zur Ausbildung zahlreicher Wasserschosse. Diese müssen zur Triebeinschränkung bis auf wenige Triebe entfernt werden. Am schnellsten und einfachsten reißt man sie vor dem Verholzen büschelweise mit der Hand fort, wobei immer die stärksten Triebe entfernt werden sollten. Die Rißwunden verheilen rasch und leicht.

Kronenteile mit Sommerriß bekleiden sich günstig und verursachen wenig Arbeit. Nicht gerissene Kronenpartien bedürfen vieler zeitraubender Einzelschnitte, deren Wunden verzögert verheilen und zu neuem Austrieb anregen.

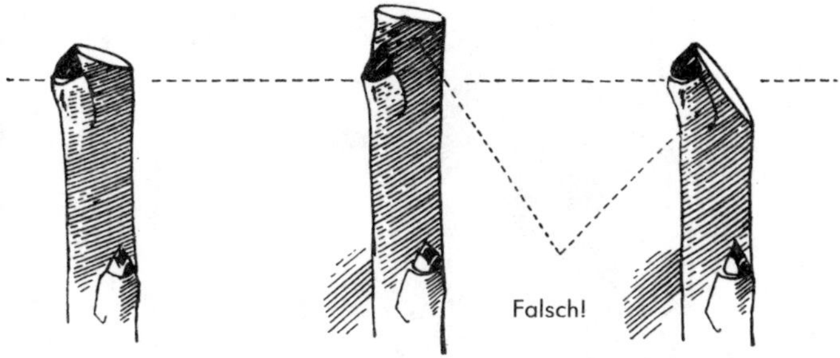

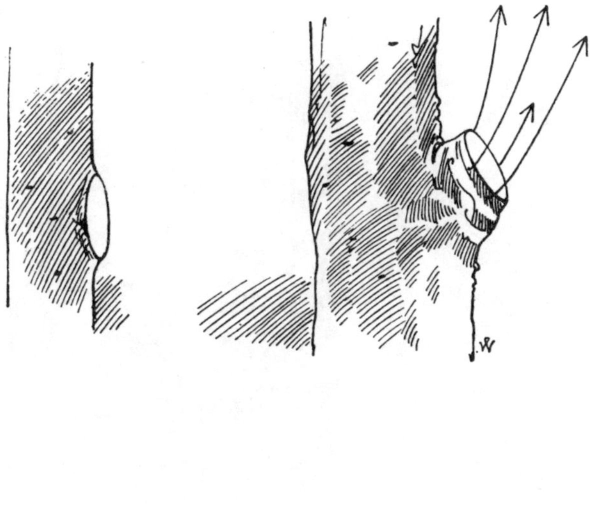

Schnittführung von Schere und Säge

Die Schere ist so anzulegen, daß der untere Wundrand in einer Höhe mit der Knospenbasis endet. Bei zu hohem Ansetzen der Schnittwunde bildet sich ein trockener Zapfen, bei zu tiefem vertrocknet das obere Auge leicht. Die Sägewunde wird in den Astring parallel zum verbleibenden Ast gelegt (links unten), um ein Austreiben von Beiknospen zu verhindern. Ein kleiner Zapfen wird dann belassen (rechts unten), wenn basisnahe Knospen geschont werden sollen, um neue Triebe und Äste zu bilden.

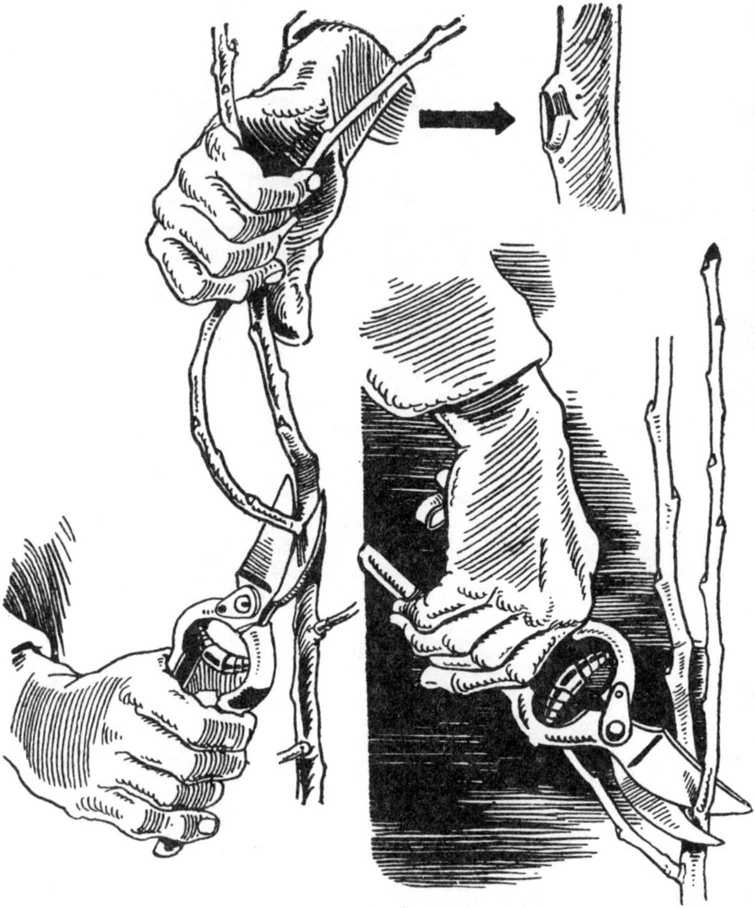

Ansetzen der Schere am Jungtrieb

Die Schere wird von *unten* gegen den Trieb geführt. Durch gleichmäßiges leichtes Anziehen des Triebes mit der linken Hand wird die Arbeit erleichtert und verbessert. Beim Ansatz der Schere von oben nach unten (Bild rechts) ist die Arbeit erschwert, und der Trieb reißt an der Schnittwunde leicht aus.

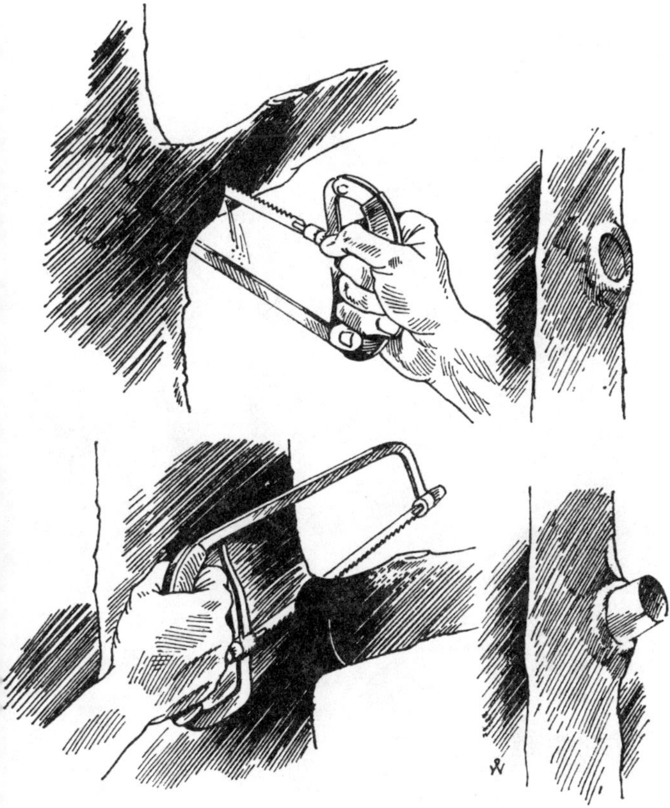

Richtiges An- und Absägen eines stärkeren, schwereren Astes

Um ein Ausschlitzen des Astes zu vermeiden, schneidet man ihn zunächst etwa 20 cm vom Stamm entfernt von unten bis etwa zur Astmitte ein. Erst dann wird der Ast von oben angesägt. So bricht er ohne Ausschlitzen ab. Der noch verbleibende Aststumpf wird so von oben abgesägt, daß die Schnittwunde dicht am Stamm verläuft und die Überwallung der Wunde erleichtert wird.

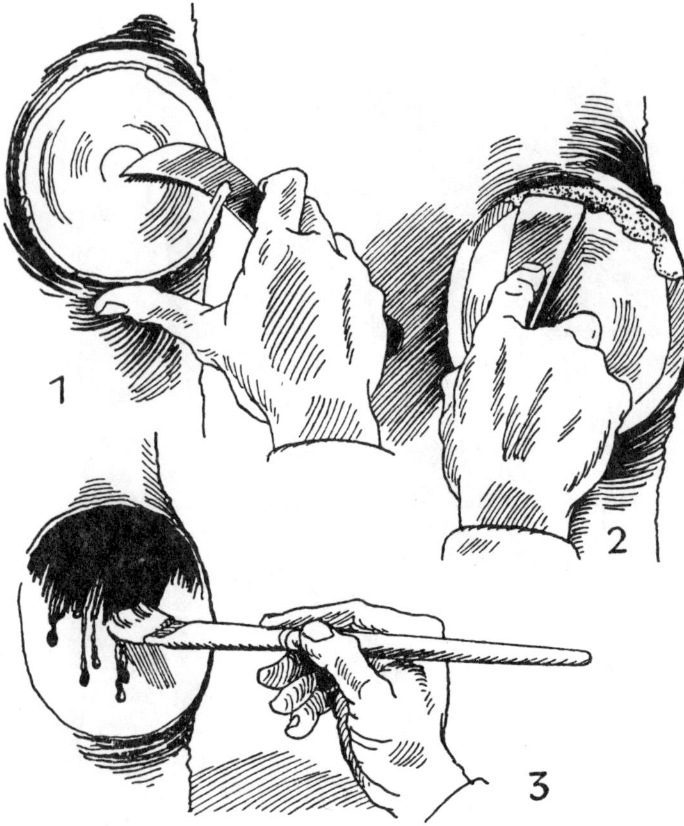

Wundbehandlung

Um die Wundverheilung zu fördern, wird der äußere Wundrand mit einem scharfen Messer nachgeglättet und mit Baumwachs verstrichen. Das Ausfaulen des Kernholzes wird durch Auftragen moderner Wundpflegemittel erschwert bzw. verhindert.

Der Schnitt einzelner Obstarten

Kernobst

Bei Apfel und Birne zeigen die einzelnen Sorten eine sehr unterschiedliche Triebstärke, Kronenausdehnung und eine verschiedene Art der Fruchtknospenausbildung. Dies ist, wie auf den Seiten 26 bis 28 dargestellt wurde, bei Kronenaufbau und Schnitt zu berücksichtigen und soll am Beispiel bestimmter Sorten dargestellt werden. Sorten wie Golden Delicious, Jonathan und James Grieve sowie Alexander Lucas auf Zwergunterlage lassen sich – ohne systematischen Aufbau auf seitliche Triebe erster Ordnung – als schmale, kleine Spindeln mit betonter Mittelachse erziehen. Sie sind für Dichtpflanzungen geeignet und tragen vielfach schon am einjährigen Holz. Sorten wie Cox Orange, Berlepsch und Conference bilden breitere Kronen aus. Ihre einjährigen Triebe haben selten Fruchtknospen. Sie beanspruchen, auch auf Zwergunterlage veredelt, größere Pflanzabstände. Solche ausladenden Kronen lassen sich einfacher auf einige Seitenäste 1. Ordnung aufbauen, die etwas steiler stehen als die Fruchtäste.
Die Seitentriebe bilden von Natur aus dann einen flachen Winkel mit der Mittelachse, wenn sie nicht eingekürzt werden. Auf diese Weise wird die Triebstärke gehemmt und damit eine baldige Blütenbildung gefördert. Dagegen schneidet man die zukünftigen Leitäste unter Berücksichtigung ihrer Triebstärke zurück. Bei schwierig tragenden, von Natur aus steilwachsenden Sorten (Vereins-Dechantsbirne, Gellerts Butterbirne, Cox Orange auf stärkerer Unterlage) kann eine zusätzliche Hemmung des Triebwachstums und eine damit verbundene Verfrühung des Ertrages erreicht werden. In diesem Fall stellt man einige Seitentriebe an der Mittelachse und am Astgerüst waagerecht.
Ebenso wichtig wie die Ertragsbeschleunigung an Jungkronen bei einer ausreichenden Triebstärke ist in der erwachsenen Krone die Erhaltung der Ertragsfähigkeit sowie ihre ständige optimale Einpassung in den gegebenen Standraum. Die durch stärkere Schnitteingriffe beson-

ders an den Schnittstellen der Spitzenzonen entstehenden zahlreichen Jungtriebe sollten bereits im Frühsommer durch Sommerriß von Hand teilweise beseitigt werden. Aus solchen Bäumen müssen überbauende und zu dicht stehende stärkere Äste ausgesägt werden. Die Astverlängerungen werden auf schräg stehende, schwächere Nebentriebe abgeleitet, damit die Ernte vom Boden aus erfolgen kann. Abgetragenes Fruchtholz wird entfernt oder eingekürzt, um die Ausbildung von jungem Fruchtholz anzuregen. Je nach Ertragsverhalten der einzelnen Obstarten und -sorten (Ertrag am ein- bis dreijährigen Holz) ist der Fruchtholzaustausch regelmäßig vorzunehmen.

Schnitt von Apfel

Pflanzschnitt allgemein

Schwach entwickelte Veredlung

Da kaum vorzeitige Triebe vorhanden sind, auf die die Krone aufgebaut werden könnte, muß der Austrieb mittelstarker, bald blühender Verzweigungen angeregt werden. Dies erfolgt nicht durch Rückschnitt des starken Mitteltriebes, sondern durch sein Ableiten auf einen schwachen Nebentrieb. Dieser wird nicht zurückgeschnitten.

Pflanzwürdige einjährige Veredlung

Auch vorzeitige Triebe können zum Kronenaufbau benutzt werden. Zu zahlreiche, bodennahe, steilstehende und konkurrierende Seitentriebe werden entfernt, die verbleibenden aber nicht eingekürzt. Der Mitteltrieb wird schwach angeschnitten.

Pflanzwürdige zweijährige Veredlung

Auch bei der zweijährigen Veredlung werden überflüssige Triebe entfernt. Statt des Rückschnittes des ursprünglichen Mitteltriebes wird die Kronenspitze auf einen Seitentrieb abgeleitet. Die flachen, nur mittelstarken Seitentriebe werden belassen und in der Regel nicht eingekürzt.

Je weniger die Verlängerung der Mittelachse eingekürzt wird, um so schlanker und schmaler wächst die Krone und um so flacher werden die Astwinkel der Seitenaustriebe zur Mittelachse. Bei starkwachsenden Sorten wie etwa Boskoop werden starke Seitentriebe waagerecht gestellt.

Die wichtigsten Schnittstadien bei verschiedenen Apfelsorten

Golden Delicious/M IX ohne Gerüstaufbau nach einem Standjahr

In dieser Krone gibt es keine Leitäste, alle Äste sind gleichwertig. Sie sind auf Grund des unterlassenen Rückschnittes der Seitentriebe vor allem an der Kronenbasis mehr in die Waagerechte gewachsen. In der Spitze haben sich nur schwache, aber schräg stehende Seitenaustriebe gebildet. Außer der Beseitigung der Konkurrenztriebe und der Einkürzung des Mitteltriebes ist kein weiterer Schnitteingriff erforderlich.

Golden Delicious/M IX ohne Gerüstaufbau nach zwei Standjahren

Es entsteht eine schmale, unten etwas breitere Spindel mit betonter Mittelachse.

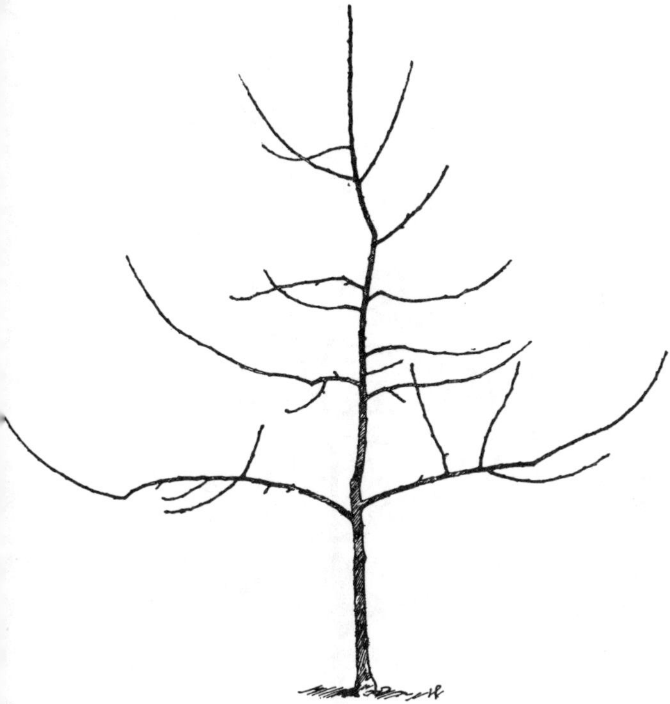

In dieser jetzt locker aufgebauten Krone wurden ein stärkerer Seitenast in der Kronenmitte und einige überflüssige Verzweigungen entfernt. Nur der einjährige Verlängerungstrieb an der Mittelachse wurde zu ihrer Stabilisierung und zur Förderung der Seitengarnierung in der Kronenspitze zurückgeschnitten. Ein weiterer Rückschnitt erfolgte nicht.

Golden Delicious/M IX ohne Gerüstaufbau nach drei Standjahren

Der Baum ist so ausgewogen in seinem Aufbau aus physiologisch gleichwertigen Fruchtästen, daß in diesem Entwicklungsstadium nur wenige Schnittkorrekturen erforderlich sind. Auch hier wird nur der Mitteltrieb eingekürzt.

Es ist günstig, daß sich die Basisäste etwas stärker entwikkeln als die übrigen Kronenteile; sie sind am wenigsten belichtet und der Spitze gegenüber, auch physiologisch gesehen, im Nachteil. Damit wird schon in der Jugend ein Überbauen der Kronenbasis verhindert und eine Voraussetzung für die zukünftige Ertragsbildung in allen Kronenteilen geschaffen.
Das Bild zeigt, daß bereits in diesem Alter eine Regeneration aus dem Kroneninnenbereich möglich ist.

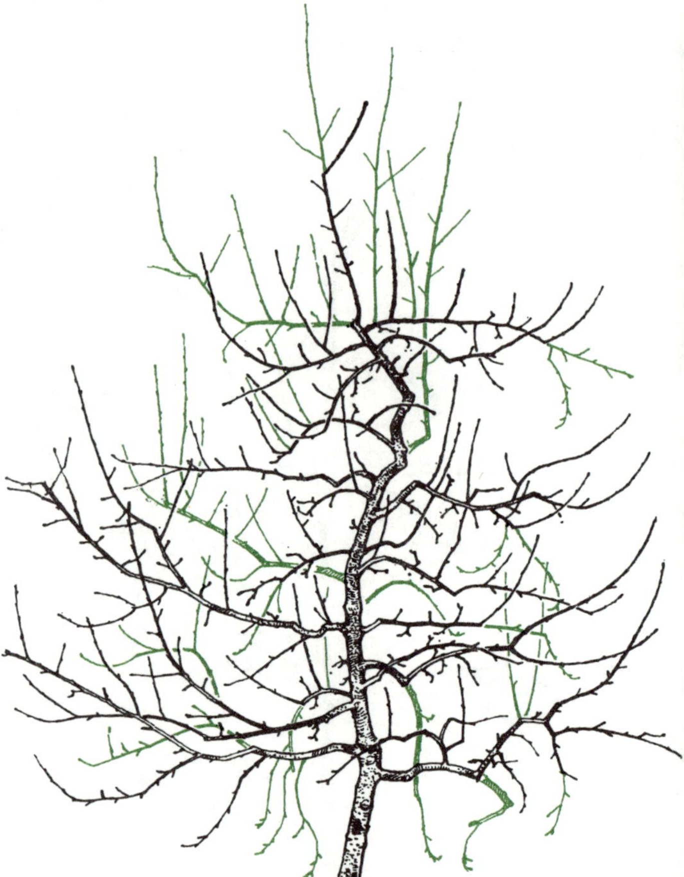

Golden Delicious/M IX ohne Gerüstaufbau nach 15 Standjahren

aus einer Dichtpflanzung von 3 × 1,5 m Abstand. Durch wiederholtes rechtzeitiges Entfernen stärkerer Seitenäste bis zu ihrem Ansatz und Ableiten des Mitteltriebes auf einen mehr flach stehenden Nebenast ist eine schmale, günstig bis zur Basis garnierte Krone entstanden.

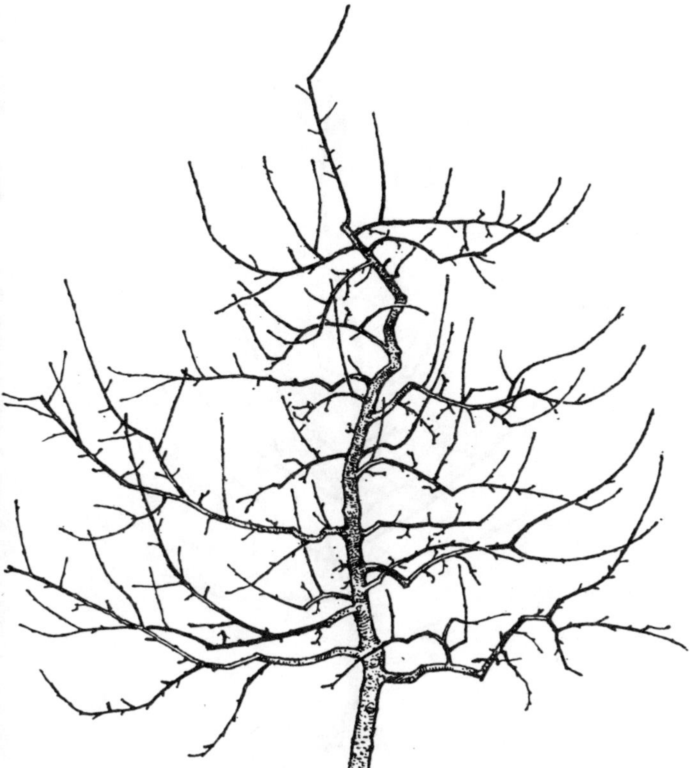

Überbauende Äste in der Kronenspitze wurden beseitigt und die Jungtriebe auch in der älteren Krone nicht eingekürzt. Altes Fruchtholz wurde entfernt, schwaches jüngeres in die Krone eingebaut und von Fall zu Fall eingekürzt.

Cox Orange/M IX mit Gerüstaufbau nach einem Standjahr

Die Krone des mittelstark wachsenden Cox hat einen kräftigeren Trieb. Dieser kann durch das Belassen von schwächer wachsenden Seitentrieben mit flachem Winkel zur Hauptachse schnell zu Fruchtholz umgewandelt werden. Dabei muß ein Zurückschneiden der Seitentriebe unterbleiben. Den Aufbau übernehmen zwei etwas kräftigere, günstig stehende vorzeitige Seitentriebe. Die für den Aufbau vorgesehenen Triebe werden erst in der zweiten Vegetationsperiode schwach zurückgeschnitten.

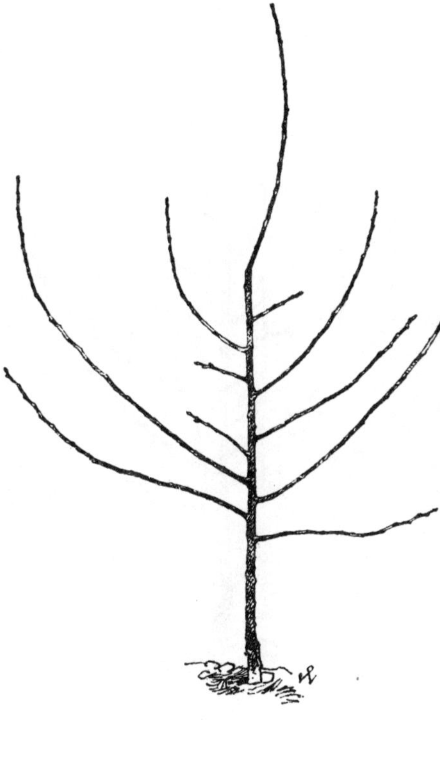

Bei systematischem Kronenaufbau wurden Mitteltrieb und zu entwickelnde seitliche Leitäste mäßig zurückgenommen. Überflüssige und sehr steile Triebe wurden ganz beseitigt. Alle anderen Triebe verbleiben ungeschnitten in der Krone und dienen dem baldigen Ertrag.

Cox Orange/M IX mit Gerüstaufbau nach zwei Standjahren

Der Mitteltrieb und die herausgestellten seitlichen Leitäste heben sich in der Krone deutlich von den Fruchtästen ab. Durch den mäßigen Rückschnitt der Leittriebe und die schonende Behandlung der übrigen Kronenpartien sind zahlreiche Kurztriebe entstanden, die der schnellen Blütenbildung dienen.

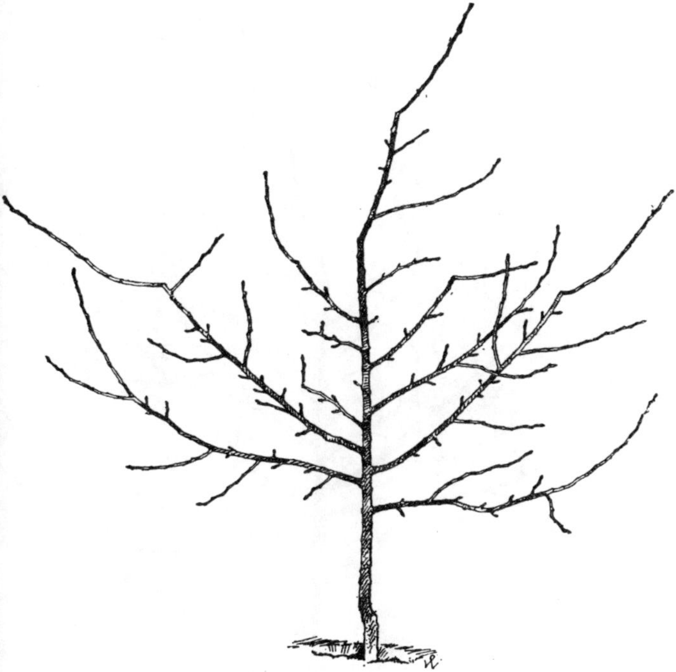

Die Mittelachse und die seitlichen Leittriebe wurden schwach eingekürzt oder bei sehr starkem und steilem Wuchs auf schräges und schwächeres Seitenholz abgeleitet. Zu dicke und senkrechte Triebe wurden bis auf den Astring fortgeschnitten. In Einzelfällen können bei ausreichendem Wachstum derartige Triebe auch waagerecht gestellt werden. Das Fruchtholz blieb ungeschnitten.

Cox Orange/M IX mit Gerüstaufbau nach drei Standjahren

Durch den stärkeren Trieb und die Entwicklung von Leitästen wird die Krone breiter als bei Golden Delicious auf der gleichen Unterlage. Basisförderung, Hemmung der Kronenspitze und Belichtung auch des Kroneninneren müssen schon an Jungbäumen eingeleitet werden.

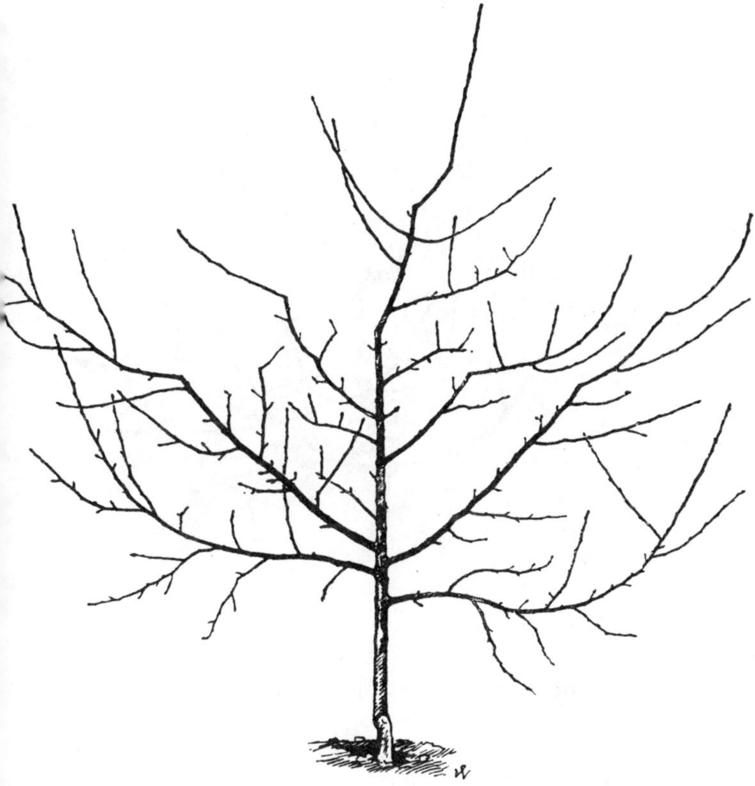

Die basisnahen Nebenzweige an der Krone und an den Leitästen blieben ungeschnitten. Die Spitzen der Mittelachse und die seitlichen Leitäste wurden auf schräger stehende Verzweigungen zurückgenommen. Diese sollte man nur wenig einkürzen, um einer frühzeitigen Vergreisung bei stärkeren Erträgen vorzubeugen.

Cox Orange/M IX mit Gerüstaufbau nach 15 Standjahren aus einer Pflanzung mit 3 × 3 m Abstand. Die Krone ist breit-oval und zeigt deutlich den für eine optimale Standraumnutzung von vornherein angestrebten mehr systematischen Aufbau mit zwei Seitenleitästen. Cox verlangt weitere Abstände und eine breitere Krone als Golden Delicious, um in ihr auch brauchbares älteres Fruchtholz erhalten zu können. Im ersten Arbeitsgang entfernt man stärkere, überbauende Äste in der Kronenspitze und zu dichte, steile Äste im Inneren.

Anschließend werden starke Jungtriebe beseitigt und Fruchtholz, das älter ist als vier bis fünf Jahre, völlig entfernt oder stärker eingekürzt.

Die fertig geschnittene Krone hat ein ausgewogenes Verhältnis zwischen Trieb und Ertrag. Die Kronenbasis wird von oberen Ästen nicht überdeckt und ist allgemein mit tragfähigen Kurztrieben bekleidet. Der obere Kronenraum ist so erdnah (2,50 m), daß er günstig vom Boden aus beerntet werden kann.

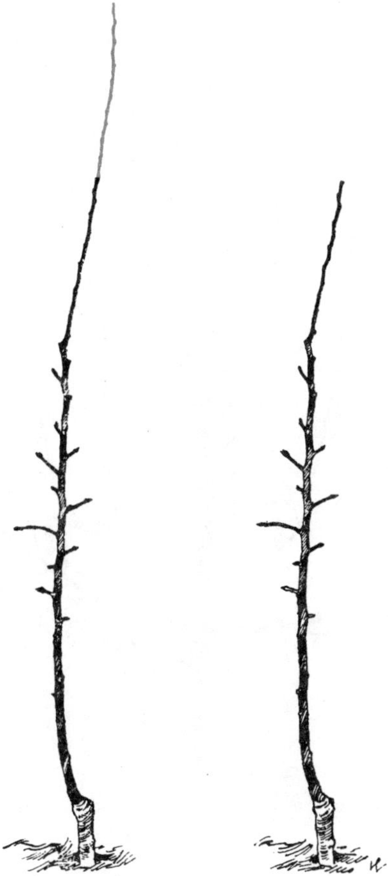

Boskoop/M IX nach einem Standjahr

Im ersten Standjahr hat Boskoop auf Grund seiner erblichen Veranlagung außer der Mitteltriebverlängerung nur einzelne Kurztriebe entwickelt. Um eine gleichmäßige Bekleidung mit nur mittelstarken Trieben zu erreichen, wird außer der schwachen Einkürzung des Mitteltriebes kein weiterer Rückschnitt vorgenommen.

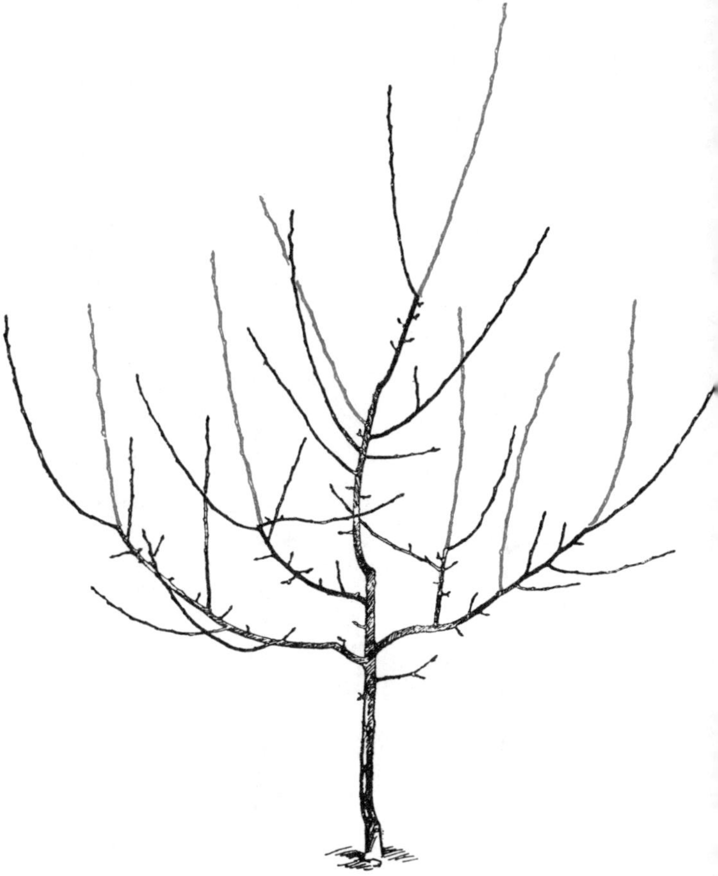

Boskoop/M IX nach zwei Standjahren

Die aus einer zweijährigen Veredlung entwickelte Krone ist mit zwei seitlichen Leitästen sehr locker und übersichtlich aufgebaut. Ein ähnlicher Aufbau ist z. B. bei Berlepsch möglich.

Steile, zu stark entwickelte Jungtriebe wurden bis auf den Astring entfernt; ein Einkürzen der Jungtriebe an Gerüst- und Fruchtästen erfolgte nicht.

Boskoop/M IX nach zehn Standjahren

Günstige Entwicklung eines Baumes aus einer Dichtpflanzung von 4 × 2 m. Bei einer mäßigen Förderung der Kronenbasis, aber dem Fehlen stärker beschattender Äste im oberen Kronenraum, ist trotz des erblich starken Wuchses von Boskoop eine Engpflanzung vertretbar.

Trotz des günstigen Kronenaufbaus war eine Schnittkorrektur erforderlich. Kronenbasis und Spitze wurden von zu dichten und steilen Ästen und Jungtrieben befreit. Altes Fruchtholz wurde eingekürzt.

Golden Delicious/M IV mit Gerüstaufbau nach zwei Standjahren

Durch die mittelstarken Trieb verursachende Unterlage M IV hat Golden Delicious eine wesentlich größere Wuchskraft als in Verbindung mit der Zwergunterlage M IX (s. S. 44). Der Kronenaufbau auf zwei im Trieb bevorzugte Leitäste erfolgt in gleicher Weise wie es für Cox/IX mit Aufbau (s. S. 52) beschrieben wurde.

Zu steil stehende und zu zahlreiche einjährige Triebe wurden entfernt oder vereinzelt waagerecht gebunden. Durch dieses Binden werden sie rascher zu Fruchttrieben entwickelt. Die Verlängerungen der Mittelachse und der beiden Seitenäste wurden zurückgeschnitten.

Golden Delicious/M IV mit Gerüstaufbau nach drei Standjahren

Die Krone hat sich günstig aufgebaut und ist kräftig ausgetrieben. Der linke seitliche Leitast wächst sehr stark und stört schon jetzt das Gleichgewicht in der Gesamtkrone. Die im Vorjahr waagerecht gebundenen Langtriebe haben bereits Blütenknospen angesetzt.

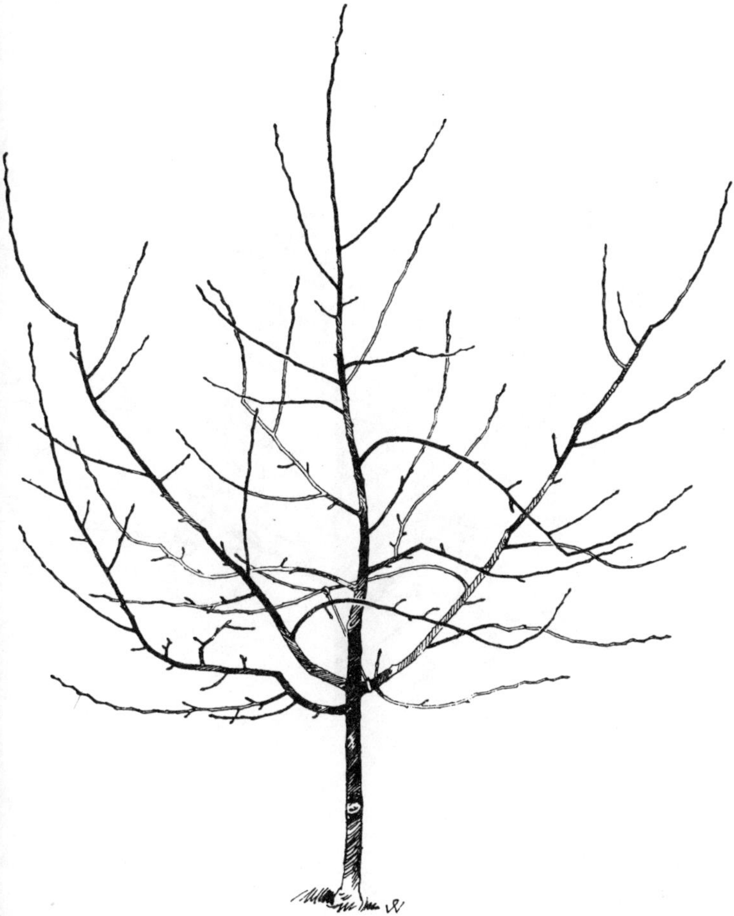

Am linken Seitenast wurden die zu zahlreichen Jungtriebe entfernt. Seine Verlängerung wurde auf einen etwas schwächeren und flacher stehenden Jungtrieb abgeleitet. Der zu lange rechte Seitenast wurde etwa auf der Höhe des linken Leitastes nach der Gesetzmäßigkeit der Saftwaage zurückgenommen, um eine gleichstarke Entwicklung der Seitenleitäste zu erreichen. Sonst erfolgte kein weiterer Rückschnitt.

Golden Delicious/M IV mit Gerüstaufbau nach vier Standjahren

Die Krone wird für eine erdnahe Ernte zu hoch, der obere Kronenraum beginnt das Innere zu überbauen. Durch den vorjährigen stärkeren Schnitteingriff sind hier und an den Leitastspitzen zu viele Jungtriebe entstanden.

Mittelachse und Seitenäste wurden auf flach stehende, schwächere Nebentriebe zurückgenommen, die nicht eingekürzt werden. Zu dicke Äste wurden entfernt oder abgeleitet. Jungtriebe sind auf schwächere, mehr schräg stehende zu beschränken. Überaltertes (bei Golden dreijähriges, bei Cox und Boskoop vier- bis fünfjähriges) Fruchtholz wurde fortgeschnitten, um einen erneuten Austrieb im Kroneninnenbereich anzuregen.

Einschränkung einer 15jährigen Krone von Golden Delicious/M IV

Die Krone muß so aufgebaut werden, daß ihre Beschränkung in Breite und Höhe den Verkehr in der Arbeitsgasse sicherstellt, die Tragfläche in Erdnähe erhält und den Lichtzutritt zum Kroneninneren ermöglicht. Zunächst werden stark in die Arbeitsgasse ragende, überbauende und zu sehr in die Breite gehende Äste fortgesägt oder abgeleitet.

Anschließend werden dünnere, sich überkreuzende Äste vor allem im oberen Kronenraum beseitigt oder eingeschränkt. Zu zahlreiche Wasserschosse schneidet man fort. Die vor allem an der Basis vorhandenen älteren, weniger belichteten Fruchtäste, die minderwertige Äpfel bringen, werden entfernt oder auf die Hälfte ihrer Länge eingekürzt.

Der vielfältige und teilweise auch starke Schnitteingriff ergibt eine erdnahe, locker und harmonisch aufgebaute Krone. Da die vielen Schnitte zu einer starken Neutriebbildung führen werden, ist eine mehrjährige systematische Nachbehandlung unerläßlich. Diese sollte mit einem rechtzeitigen Sommerriß (s. S. 32) der steilwachsenden Wasserschosse beginnen.

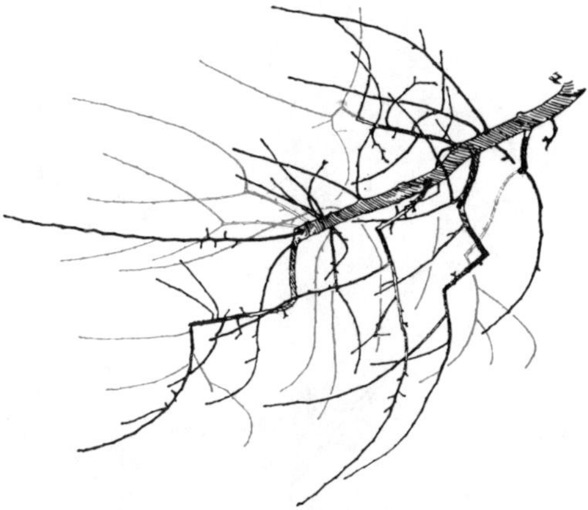

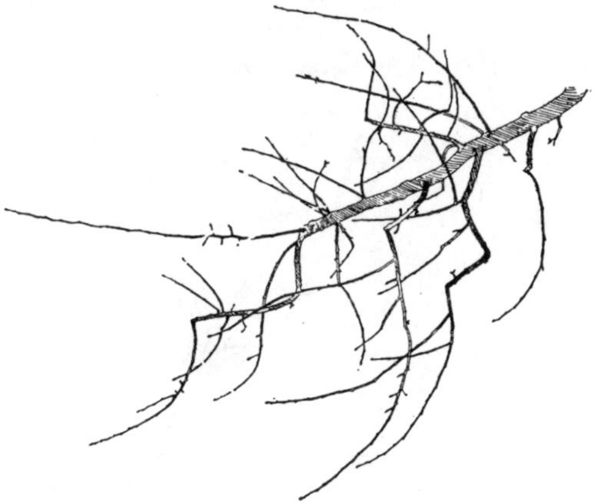

Nachbehandlung eines im Vorjahr abgeleiteten Seitenastes

Alle zu steil und zu dicht stehenden Äste und Triebe werden beseitigt. Von den verbleibenden Jungtrieben werden weder die Astverlängerungen noch das Bekleidungsholz eingekürzt. Dabei ist auf eine gleichmäßige Garnierung auf der Länge des gesamten Astes zu achten.

Überwachungsschnitt an einem unteren Leitast

Sind etwa im sechsten Standjahr der Grundaufbau der Gesamtkrone und das Gleichgewicht zwischen Basis und Spitze gesichert, so kann der Überwachungsschnitt beginnen. Zunächst werden nach innen und steil wachsende Triebe auf Astring zurückgenommen.

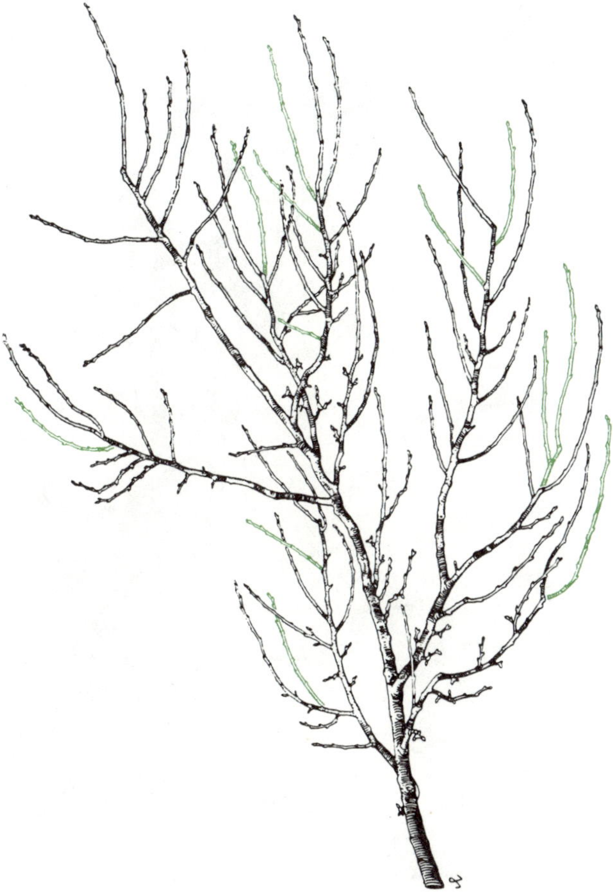

An den Seitenästen zweiter und dritter Ordnung entfernt man die zu dicht stehenden Triebe, wobei zwischen ein-, zwei- und dreijährigen Trieben eine bestimmte Ausgewogenheit bestehen sollte.

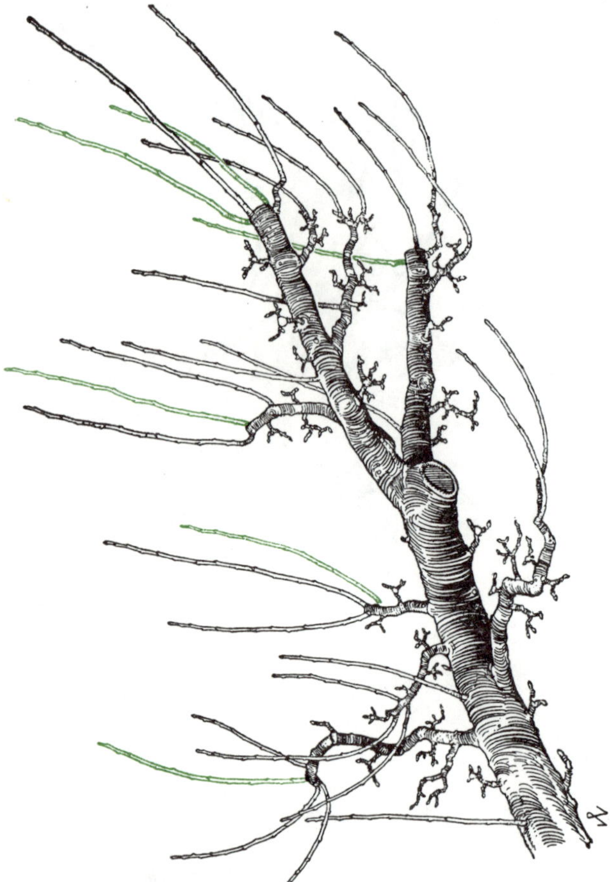

Nachbehandlung eines verjüngten Astes

Zur Sicherstellung der Leitastverlängerung wird ein kräftiger, in Höhe und Richtung günstig stehender Jungtrieb belassen. Die mit ihm konkurrierenden Triebe, »Weidenköpfe« und alle senkrechten und zu zahlreichen Wasserschosse werden für den Fall, daß man sie nicht waagerecht bindet, entfernt.

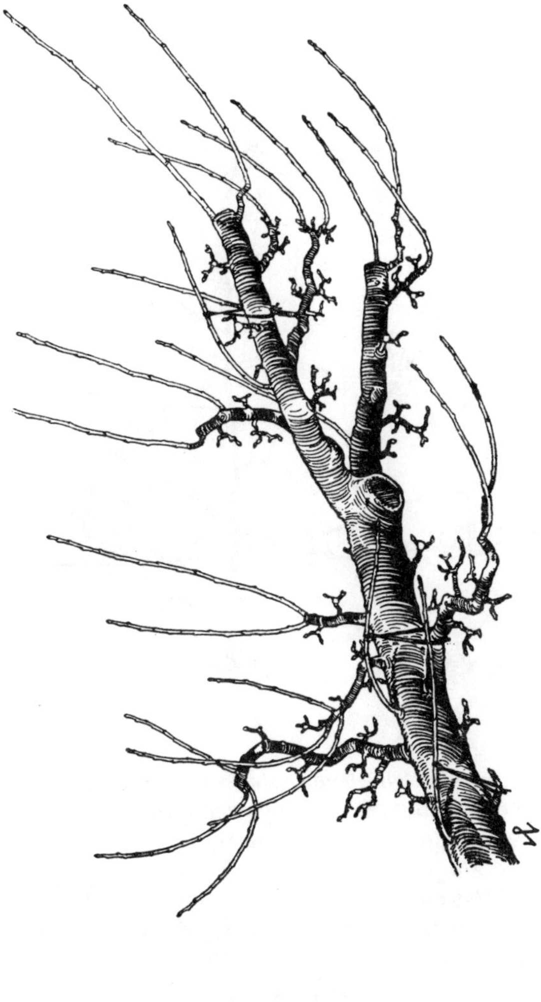

Zur Förderung der Astbekleidung und zur Ausbildung von Fruchtholz werden die verbliebenen Jungtriebe nachbehandelt. Ein Teil der senkrechten Wasserschosse bindet man waagerecht, die an sich schon schräg gewachsenen Triebe bleiben unbehandelt. Weder die natürlich waagerecht stehenden noch die waagerecht gebundenen Triebe werden zur Förderung der Blütenbildung eingekürzt.

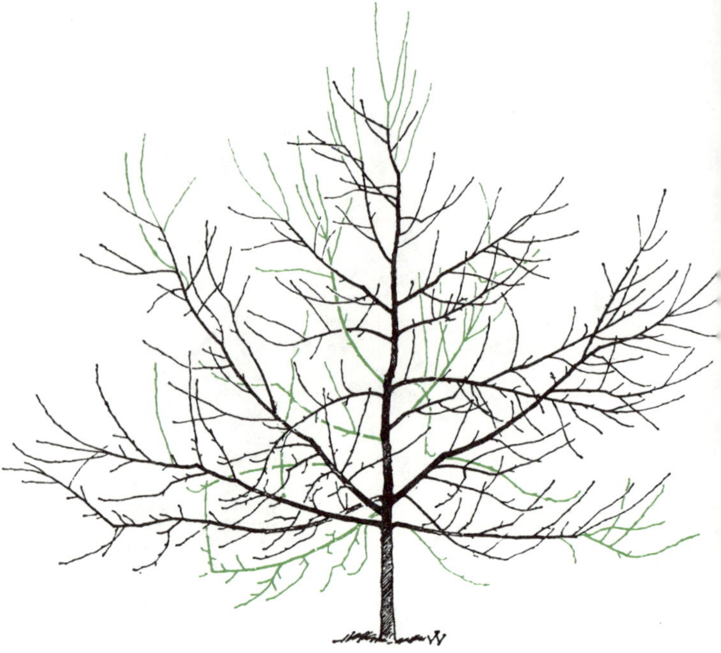

Überwachungsschnitt an starkwachsender, freistehender Krone im Stadium des Ertragsanstieges

Die freientfaltete Krone eines Viertelstammes ist ziemlich günstig aufgebaut, weil von vornherein Wert auf eine weite Aststreuung gelegt und jegliche Quirlstellung vermieden wurde. Es ist allerdings sichtbar, daß der Kroneninnenraum sich zu schließen beginnt.

10-jähriger Apfelbusch / Dreiastkrone mit Mitteltrieb

2-jährige Apfelspindel

6-jähriger Birnbusch / Dreiastkrone mit Mitteltrieb vor dem Schnitt

5-jährige Süßkirsche / freie Spindelerziehung

2-jährige Süßkirsche / Dreiastkrone mit Mitteltrieb

Blühender Kirschbaum

12-jährige Sauerkirsche / Dreiastkrone mit Mitteltrieb

4-jährige Zwetsche / Hohlkrone

Nach der Beseitigung zu dicht stehender Äste wurden Mittelachse und führende Gerüstäste auf schräg stehende Jungtriebe abgeleitet. Ein Einkürzen der Jungtriebe unterblieb. Die Lichtverhältnisse konnten im Kroneninnenraum verbessert werden. Bei einer so ausgedehnten Krone erhöht sich der Schnitt-, Pflege- und Ernteaufwand gegenüber der erdnahen Krone auf der schwachen Unterlage M IX um ein Mehrfaches.

Cox Orange mit zu breiter und hoher Krone nach 12 Standjahren

Der erforderliche starke Schnitteingriff wird zweckmäßig auf mehrere Jahre verteilt. Im *ersten Behandlungsjahr* wird der in die Arbeitsgasse ragende starke Ast ebenso abgesägt wie überbauende und das Kronengleichgewicht störende größere Äste. Die vor allem an den Schnittwunden entstehenden zahlreichen Jungtriebe werden zweckmäßig durch Sommerriß beseitigt.

Im *zweiten Jahr* werden die noch zu dicht stehenden Äste zusammen mit den einjährigen Trieben entfernt, die sich durch den vorhergehenden Schnitteingriff gebildet haben.

Im oberen Teil der Krone haben sich erneut zahlreiche Jungtriebe gebildet. Im *dritten Jahr* ist deshalb ein Schnitteingriff erforderlich. Stärkere Äste an der Stammverlängerung werden abgesägt. Ein Teil der senkrecht wachsenden Jungtriebe ist durch Sommerriß zu entfernen. Das ältere Fruchtholz an den Basisästen wird fortgeschnitten oder eingekürzt.

So entsteht eine erdnahe, allseits mit jungem Fruchtholz bekleidete Krone. Durch eine starke Zurücknahme und Auslichtung der Stammverlängerung herrscht jetzt physiologisches Gleichgewicht zwischen Basis und Spitze. Der so abgeflachte Baum läßt auch genügend Bewegungsfreiheit in der Arbeitsgasse.
Trotz erheblicher Eingriffe in die Krone konnte durch die Verteilung der Schnittarbeiten auf mehrere Jahre nicht nur eine vollständige Verjüngung erreicht werden, sondern auch vollständiger Ertragsausfall vermieden werden.

Umgepflanzter 15jähriger Cox/M IX nach zwei Jahren am neuen Standort

Zum besseren Anwachsen wurde die Krone bei der Umpflanzung kaum geschnitten. Durch größere Äste ist ihre Basis überbaut. Deswegen wurde ein stärkerer Schnitt erforderlich.

Ein Leitast wurde entfernt, um die Arbeitsgasse freizuhalten. Zwei überbauende und abgeflachte Äste wurden ebenfalls abgesägt. An dem verbleibenden erdnahen Astgerüst waren nur noch Wasserschosse und überaltertes Fruchtholz fortzuschneiden.

Schnitt von Birne

Schnittstadien von Sorten mit unterschiedlichem Kronenaufbau

Lucas/Quitte ohne Gerüstaufbau nach einem Standjahr

Zu starke und steilstehende Seitentriebe werden völlig entfernt oder vereinzelt zur Förderung der Fruchtknospenbildung – ohne Rückschnitt – waagerecht gebunden. Der überlange Mitteltrieb wird ebenso eingekürzt wie die wegen ihrer Länge das Gleichgewicht störenden Seitentriebe. Besondere Aufbauäste werden nicht entwickelt. Die Schnittmaßnahmen sind so anzulegen, daß sie nicht zu einer starken Förderung des Mitteltriebes führen (s. Seite 24).

Lucas/Quitte ohne Gerüstaufbau nach zwei Standjahren

An den günstig mit Kurztrieben bekleideten Basisästen beginnt die bei Birne schwierige Ausbildung von Fruchtknospen. Das Belassen der Verlängerung der Mittelachse dient der Spitzenregulierung, um ein späteres Überbauen der physiologisch schwächeren Kronenbasis zu vermeiden.

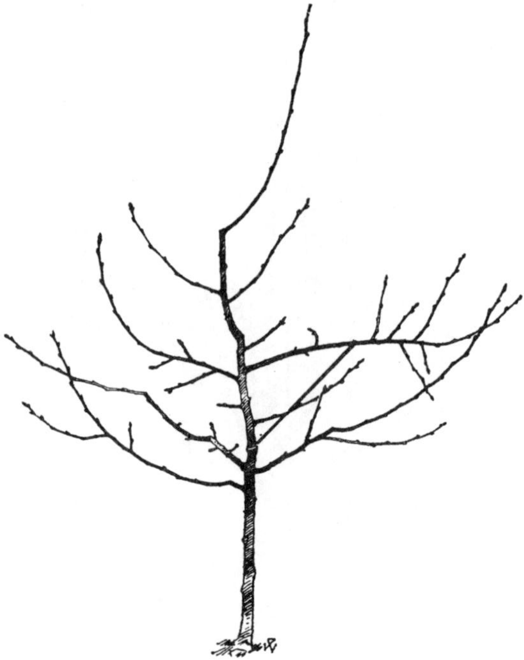

Durch Ableiten und Waagerechtbinden wird die Fruchtknospenbildung im unteren Kronenbereich gefördert. Steile Wasserschosse an Basisästen wurden entfernt. Die steilen Spitzentriebe wurden durch Ableiten der Mittelachse auf einen schrägen und schwächeren Holztrieb beseitigt. Durch Entfernung des Konkurrenztriebes wird die Achsenverlängerung gesichert. Diese wurde nur wenig zurückgeschnitten.

Lucas/Quitte ohne Gerüstaufbau nach fünf Standjahren

Der Baum ist in seinem Triebwachstum schon zur Ruhe gekommen. Einige Äste und senkrechte Jungtriebe stören das Gleichgewicht im unteren und oberen Kronenbereich. Die Ausbildung schwacher, mehr schräger Nebentriebe ist die Gewähr für eine raschere und reichere Blütenbildung. Es ist besonders wichtig, daß bei Kronen ohne Gerüstaufbau auf eine ausreichende Belichtunq des Kroneninnenraumes geachtet wird. Bei unregelmäßig übereinander angeordneten Trieben oder Ästen ist eine Streuung um die Mittelachse anzustreben.

Zu dicht stehende Äste wurden ebenso entfernt wie der stärkere Steiltrieb in der Kronenspitze und die einzelnen, senkrecht stehenden Wasserschosse. Einzelne, überalterte und verkahlte Fruchtäste wurden bereits zur Fruchtholzerneuerung zurückgeschnitten.

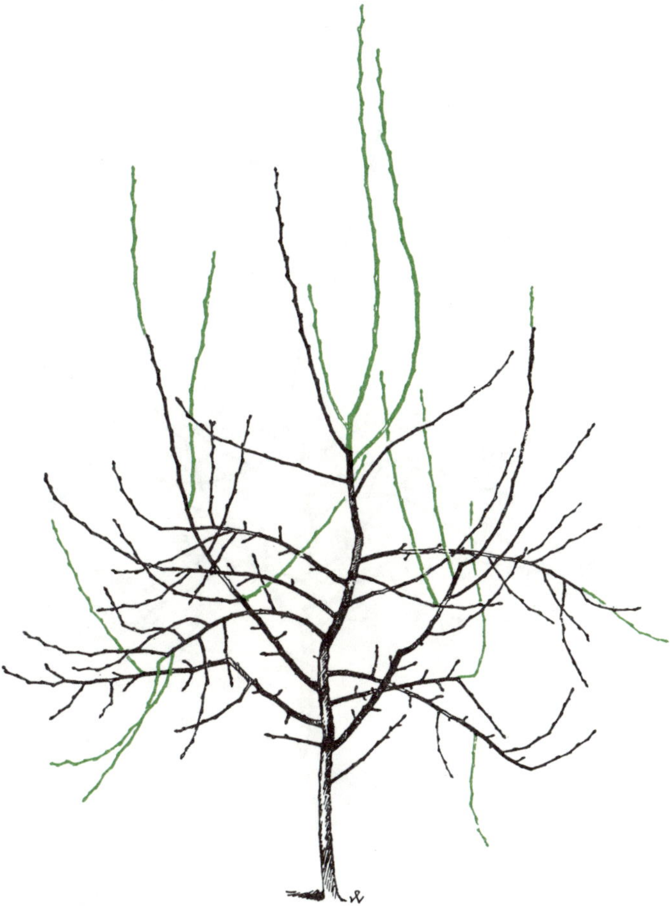

Lucas/Quitte mit Gerüstaufbau nach drei Standjahren

Im Gegensatz zu den vorigen Kronen wurden seitliche, im Wachstum geförderte Leitäste aufgebaut. Sie unterscheiden sich durch die steilere Winkelstellung deutlich von den übrigen ungeschnittenen Tragästen. Diese Art der Erziehung ist an Rund- und Flachkronen möglich und entspricht den klassischen Methoden des Kronenaufbaues.

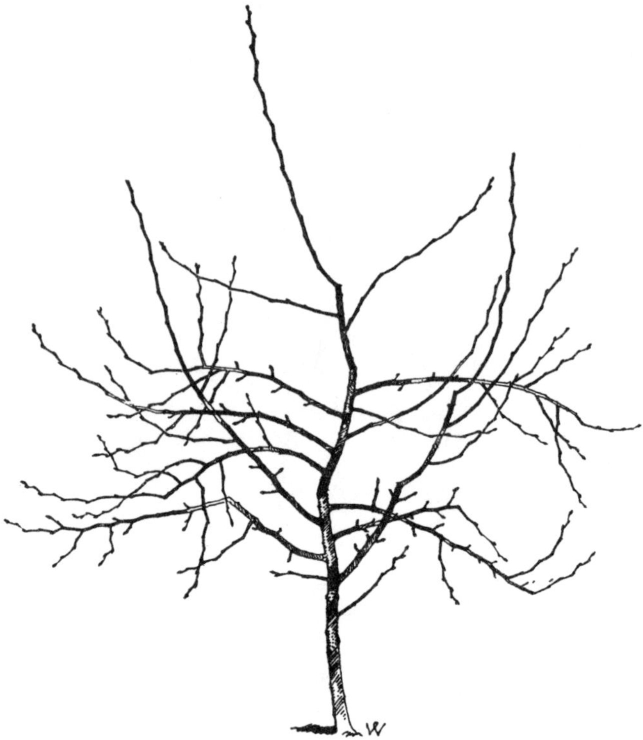

Die Mittelachse wurde auf einen tiefer stehenden Jungtrieb abgeleitet und schwach eingekürzt. Die beiden seitlichen Leitäste wurden von Reitern bzw. zu engen Vergabelungen befreit und auf eine Höhe zurückgeschnitten. Je nach Entwicklung des vegetativen Wachstums ist ein Waagerechtstellen einzelner Triebe möglich und anzuraten.

Lucas/Quitte als Flachkrone nach zehn Standjahren

Ein deutlicher Kronenaufbau aus einer schwachen Mittelachse und flachstehenden, kräftigen seitlichen Leitästen ist zu erkennen. Alle anderen Zweige sind Fruchtäste, deren Fruchtholz teilweise durch den Ertrag bereits so geschwächt ist, daß eine Einkürzung zur erforderlichen Neutriebbildung notwendig wird.

Der Schnitteingriff in der physiologisch weitgehend ausgeglichenen Krone ist relativ gering. Durch weitere Einschränkung des Astgerüstes an der Mittelachse werden Überbauungen und Beschattung des unteren Kronenraumes verhindert. Behindernde Wasserschosse wurden zurückgenommen. Schwächere zweijährige, auch steiler stehende Fruchtäste an allen Teilen der Krone kürzt man ein.

Conference/Quitte mit Gerüstaufbau nach drei Standjahren

Im Gegensatz zu Lucas wächst diese Sorte stärker und steiler. Die hier schwierigere Kronenerziehung wird durch einen systematischen Aufbau der Krone erleichtert. Hierbei ist das vereinzelte Spreizen oder Binden von Trieben bzw. Ästen eine wesentliche Hilfe.

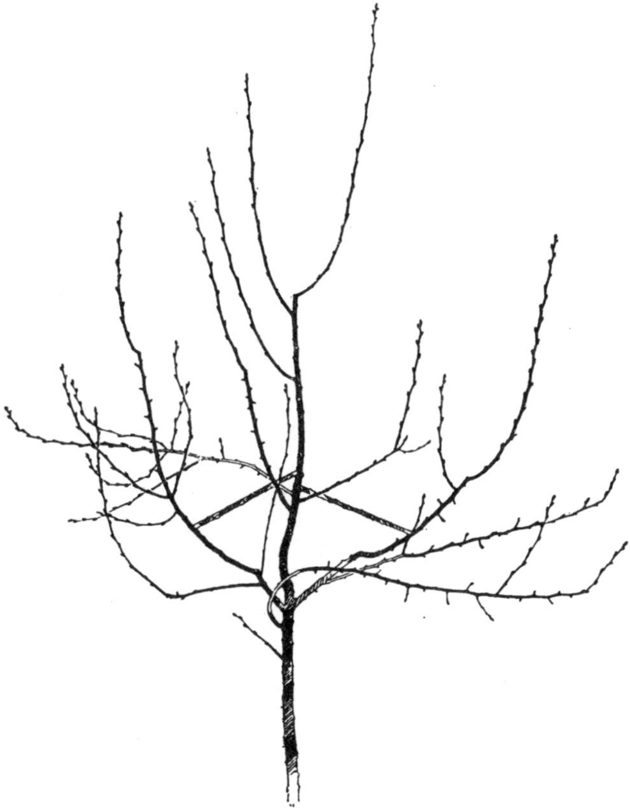

Auch hier wurde die Mitte durch Ableiten in ihrer Wuchskraft gedämpft. Steile Äste wurden ebenso fortgeschnitten wie Wasserschosse. Auch durch Abspreizen wird der Steilwuchs gehemmt. Falls erforderlich, werden nur die jungen Leitastverlängerungen etwas zurückgenommen. Zur Förderung der Fruchtknospenbildung werden vereinzelt etwas schwächere, einjährige Reiter in der Krone belassen und erst im zweiten Jahr nach ihrer Blütenausbildung auf die Hälfte eingekürzt.

Conference/Quitte mit Gerüstaufbau nach zehn Standjahren

Im Vorjahr wurden die Äste im oberen Kronenraum erheblich zurückgenommen. Dies führte in diesem Bereich zu starker Jungtriebbildung. Vor allem ist hier eine weitere Einschränkung erforderlich, um die erdnahen Kronenteile in ihrer Entwicklung und Leistung zu fördern.

Mit dem Fortschnitt der störenden Äste am Altwuchs erfolgte gleichzeitig eine Beseitigung der zahlreichen Wasserschosse. Durch rechtzeitigen Sommerriß hätte man ihre zu starke Ausbildung von vornherein unterbinden können (s. S. 32). Das Einkürzen der zweijährigen Fruchtäste bis auf die Hälfte ihrer Länge ist für einen sicheren und baldigen Fruchtansatz wichtig. Ebenso können durch Binden oder Klammern geeignete Wasserschosse zu Fruchtästen umgestimmt werden, allerdings unter Beachtung der ausreichenden Belichtung des Kroneninnenraumes.

Auslichtungsschnitt an einer ungeschnittenen Birnenjungkrone

Nach Beseitigung der zu dicht stehenden Hauptäste werden auch alle nach innen wachsenden, sich reibenden und kreuzenden Nebenäste gänzlich entfernt oder auf Fruchtholzlänge zurückgenommen.

Anschließend erfolgt ein schwacher Rückschnitt (evtl. in älteres Holz) der zu langen Äste. Zwischen Spitze und Basis soll bei Birnen ein Winkel von 90 Grad und bei Äpfeln, Süßkirschen und Pflaumen ein solcher von 120 Grad angestrebt werden. Die oberen Leitäste werden zweckmäßig abgespreizt.

Bei dem Auslichten gilt es vor allem, einzelne größere Äste fortzuschneiden, um das Kronengerüst genügend Licht zu gestalten und die Bildung von Neutrieben zu fördern.

Erziehung von Kernobstspalieren

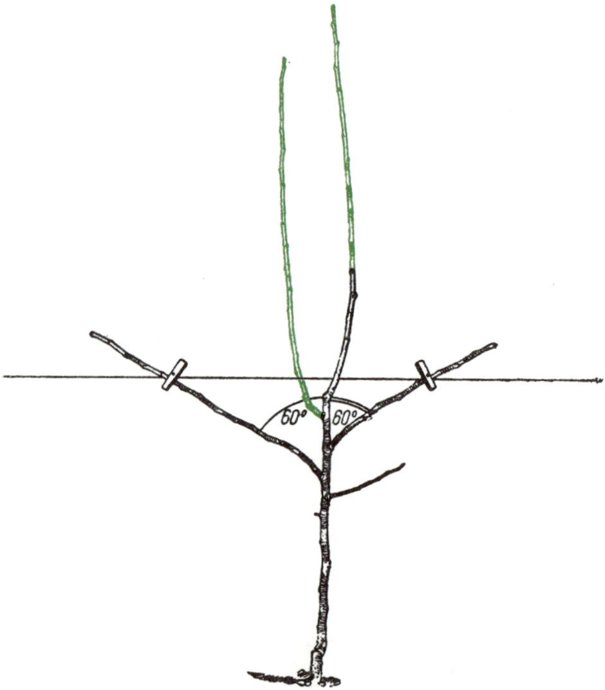

Einjährige Krone

Im Gegensatz zur Spindel wird der Mitteltrieb zugunsten der Seitentriebe scharf zurückgeschnitten, die ihrerseits nur wenig eingekürzt werden. Die Seitentriebe werden je nach Seite im Winkel von 60 bis 80 Grad an den Spanndraht geheftet.

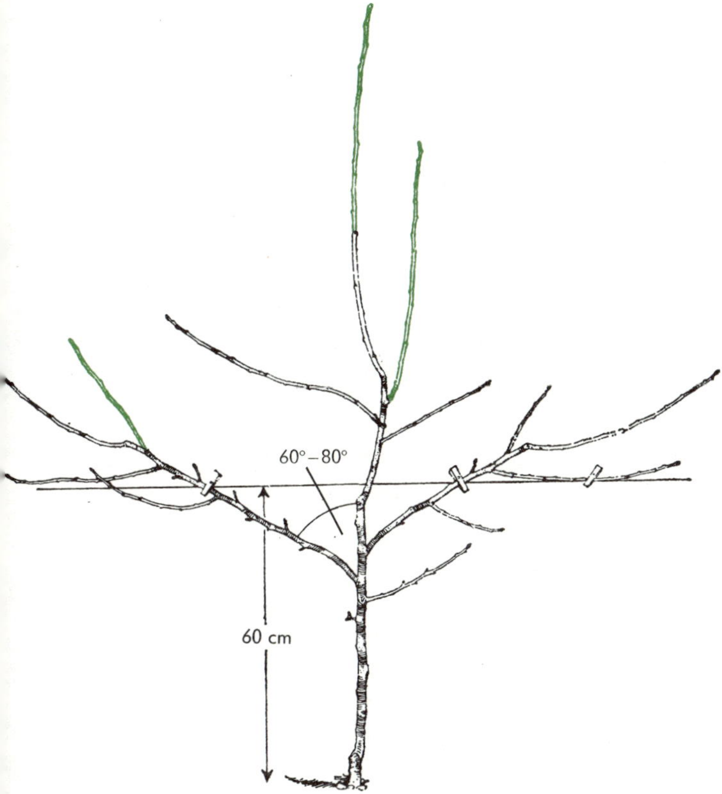

Zweijährige Krone

Im folgenden Jahr wird der Mitteltrieb auf etwa die Hälfte zurückgenommen. Junge Konkurrenztriebe werden entfernt. Die dann austreibenden starken Seitentriebe werden ab Mittsommer schräg an den Spanndraht gebunden und im folgenden Herbst nicht mehr zurückgeschnitten.

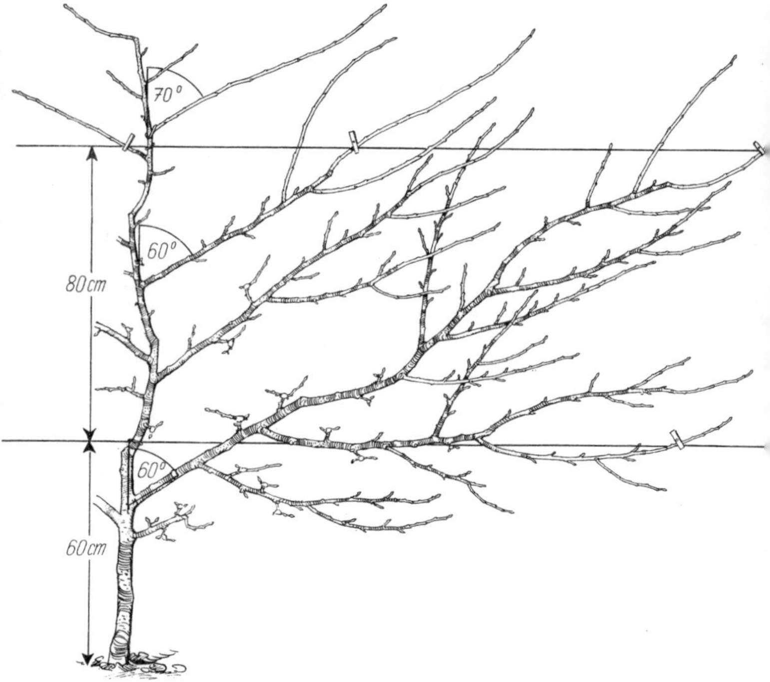

Vierjährige Krone

Bei entsprechender Triebstärke werden in den folgenden Jahren höher liegende Etagen entwickelt. Die Seitentriebe an der Basis müssen die Führung auf Kosten der Kronenspitze behalten. Durch die deutliche Schrägstellung wird die Gefahr ihrer Verkahlung vermindert.

Steinobst

Für den Aufbau des Kronengerüstes gelten die gleichen Grundsätze wie bei Kernobst. Da sich Nebenäste vielfach schwächer entwickeln als bei Apfel und Birne, kann man neben dem Mitteltrieb bei Schattenmorelle, Pfirsich, Aprikose und Mirabelle vier, bei Süßkirsche, Pflaume und Zwetsche drei Seitentriebe erster Ordnung entwickeln. Bei der Verwendung schwachwachsender Unterlagen kann auch beim Gerüstaufbau Kronenerziehung wie beim Kernobst betrieben werden. Zum Aufbau nicht benötigte Nebentriebe können zur Ertragsbeschleunigung in der Krone ohne Rücksicht dann belassen werden, wenn sie den Leittrieben durch Schräg- oder Waagerechtstellen untergeordnet sind. Die Erziehung von abgeplatteten Kronen nach dem Beispiel auf den Seiten 112 u. 113 ist bei den meisten Steinobstarten durchführbar.
In ihrer Leistung bald nachlassende Pflaumensorten und Mirabellen, vor allem aber Schattenmorellen und Pfirsiche, sollten zur Erhaltung und Ausbildung kräftiger Jungtriebe und größerer Früchte – auch an der Kronenbasis – nach Abschluß des Kronenaufbaues einem Überwachungsschnitt unterzogen werden. Man entfernt rechtzeitig und laufend zu dicht stehende, verkahlte und hängende Äste.
Süßkirschen und Zwetschen – und von Natur aus wenig verkahlende Sauerkirschsorten – bedürfen nach Aufbau des Kronengerüstes nur noch eines angemessenen Überwachungsschnittes, mit Ausnahme der Arten und Sorten, die auf schwachwachsenden Unterlagen stehen. Bei Pfirsich muß über die Auslichtung hinaus nach einigen Standjahren zur stärkeren Blütenbeschränkung und Fruchtvergrößerung ein Fruchtholzschnitt durch Einkürzen der Jungtriebe vorgenommen werden.
Alle Steinobstarten und -sorten werden dann einem Verjüngungsschnitt nach den Beispielen von S. 118 bis 119 unterworfen, wenn trotz höherer Nährstoffgaben eine starke Verkahlung einsetzt und Jungtriebbildung sowie Fruchtgröße merklich nachlassen.

Schnitt von Schattenmorelle

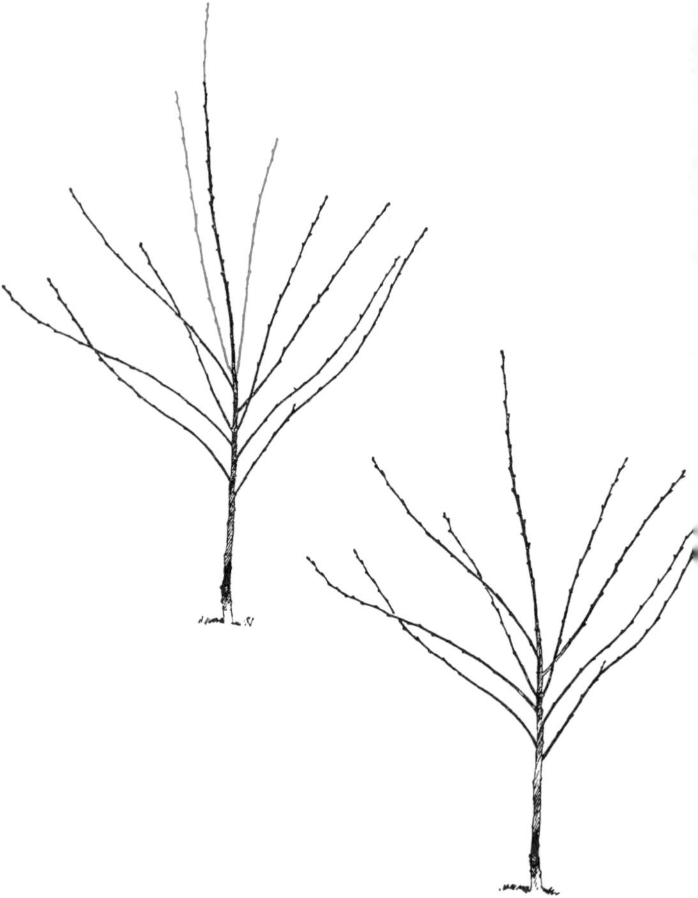

Pflanzschnitt an einer einjährigen Schattenmorelle

Da die Krone von Schattenmorellen möglichst erdnah sein soll, um vom Boden aus beerntet werden zu können, werden die am Stamm tiefer liegenden vorzeitigen Triebe – vor allem die weniger steilstehenden – erhalten. Nur der Mitteltrieb wird etwas zurückgeschnitten. Dieser schonende Schnitteingriff fördert schon in den ersten Jahren nach der Pflanzung eine günstige Baumentwicklung.

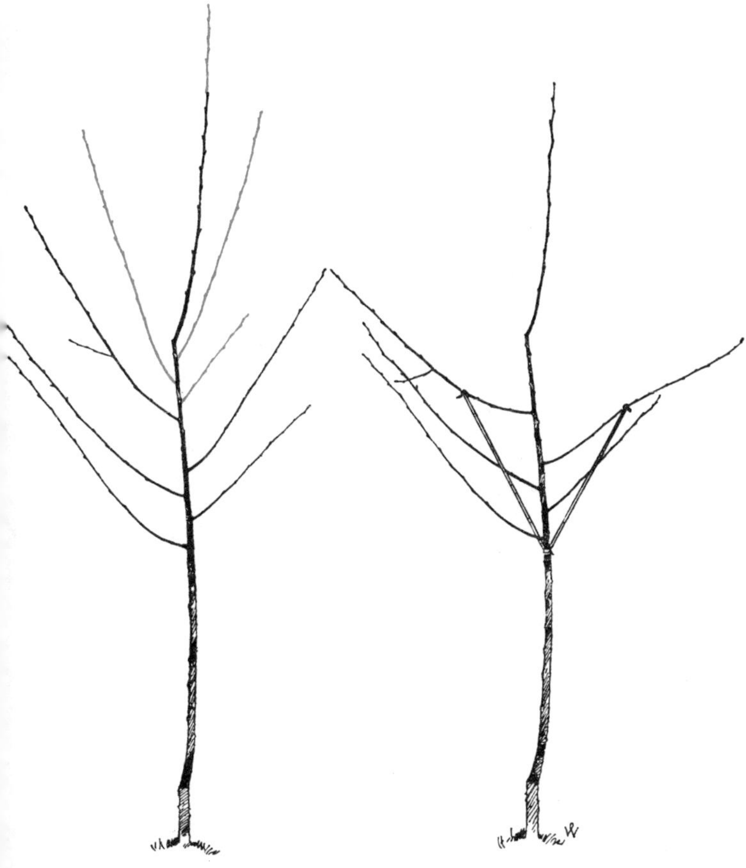

Pflanzschnitt an einer zweijährigen Schattenmorelle

Einfacher ist der Aufbau einer zweijährigen Krone mit lokker verteilten Seitentrieben. Steilstehende Konkurrenztriebe werden ganz entfernt, steile Seitentriebe können im Einzelfall schräg gebunden werden. Durch diese Maßnahme entstehen größere Kronengerüste. Kopfveredelungen werden durch Ableiten auf einen Hauptast beschränkt, der nicht eingekürzt wird.

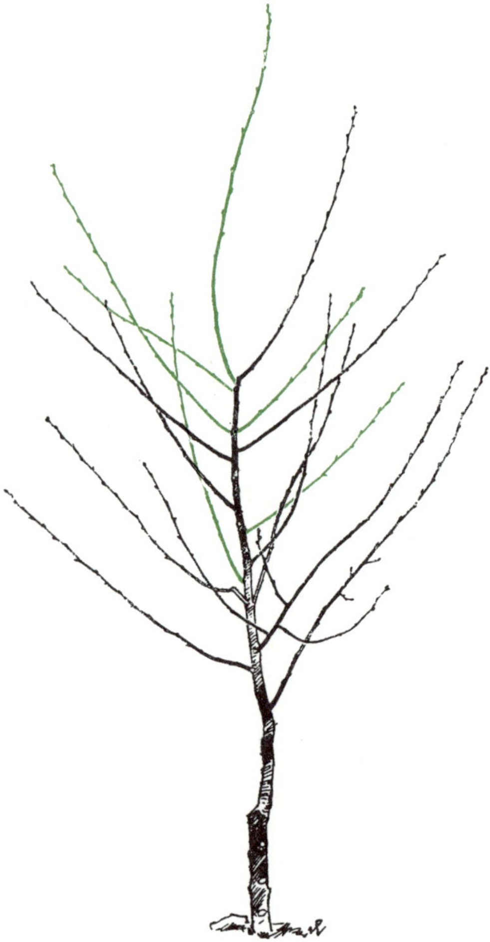

Schattenmorelle nach einem Standjahr

Die Jungkrone (s. S. 107) hat sich weiter günstig aufgebaut. Die Seitentriebe sind so locker an der Stammverlängerung verteilt, daß sie sich auch künftig im Kronenraum und in ihrem Ansatz an der Mittelachse nicht behindern. Bei einer solchen Winkelstellung zur Mitte ist ein Ausbrechen selten.

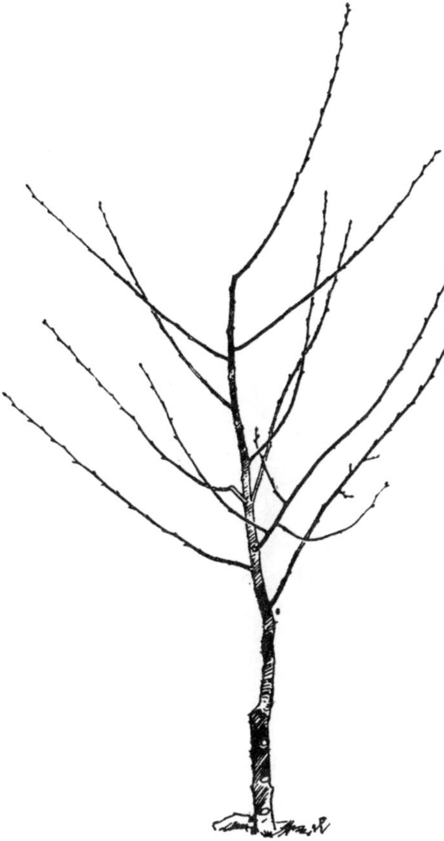

Wie beim Kernobst wird die Mittelachse abgeleitet. Mit dem neuen Mitteltrieb konkurrierende Seitentriebe an der Spitze wurden ebenso entfernt wie zu eng stehende Triebe im Innern der Krone.

Rundkrone von Schattenmorelle nach fünf Standjahren

Auf den Seiten 110 – 113 wird der unterschiedliche Aufbau von gleichaltrigen Rund- und Flachkronen gezeigt. Die Rundkrone wird mit einer ausgeprägten Mittelachse und drei seitlichen Leitästen erzogen. An ihnen haben sich vielfach verzweigte Kronenteile entwickelt.

Mittel- und Seitenäste wurden auf schräg stehende Triebverlängerungen abgeleitet. Konkurrenztriebe entfernt man grundsätzlich. Zu dicht stehende Jungtriebe, vor allem im oberen Kronenraum, werden ebenso beseitigt wie ältere, schon stärker verkahlte. Das zeitraubende Einkürzen von Jungtrieben ist nicht mehr üblich, da scharf geschnittene Schattenmorellen geringeren Ertrag bringen.

Flachkrone von Schattenmorelle nach fünf Standjahren

Von den Steinobstarten läßt sich die Schattenmorelle am leichtesten als Flachkrone aufbauen und als solche halten. Sie wird mit nur zwei seitlichen Leitästen erzogen. Die Mittelachse überragt die Seitenäste kaum. Eine deutliche Einschränkung der oberen Kronenteile durch Ableiten von Ästen und Beseitigung von Jungtrieben ist erforderlich, um auch das Kroneninnere genügend zu belichten und ohne Behinderung beernten zu können.

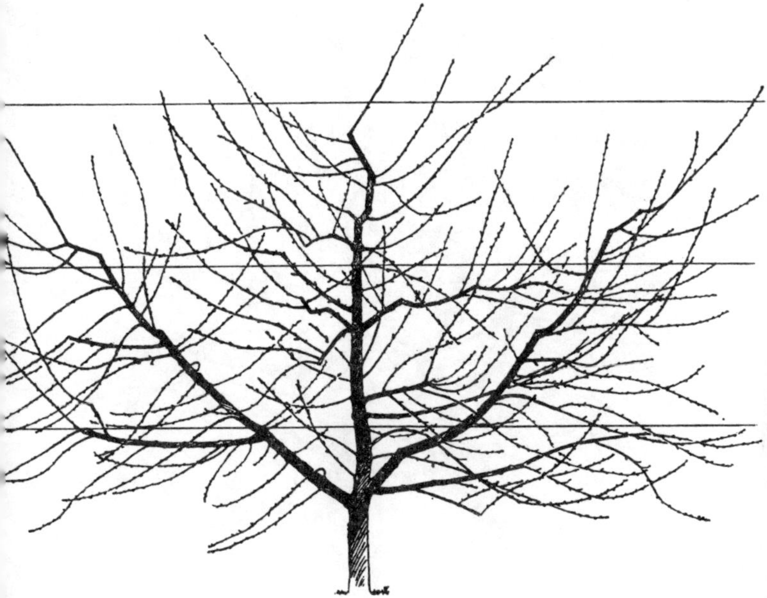

Neben dem Ableiten von Ästen müssen vor allem steile Jungtriebe auf der Oberseite der Leitäste entfernt werden. An der Basis ist überaltertes, zu verkahltes Fruchtholz auf Jungtriebe zu leiten oder ganz fortzuschneiden. Ein Rückschnitt der Jungtriebe – wie in früheren Jahren üblich – erfolgt auch hier nicht mehr.

Kaum geschnittene Schattenmorelle nach zehn Standjahren

Die Krone war nach fünf Standjahren erstmals geschnitten worden. Dabei wurden die Stammverlängerung und einzelne steile Seitenäste entfernt.

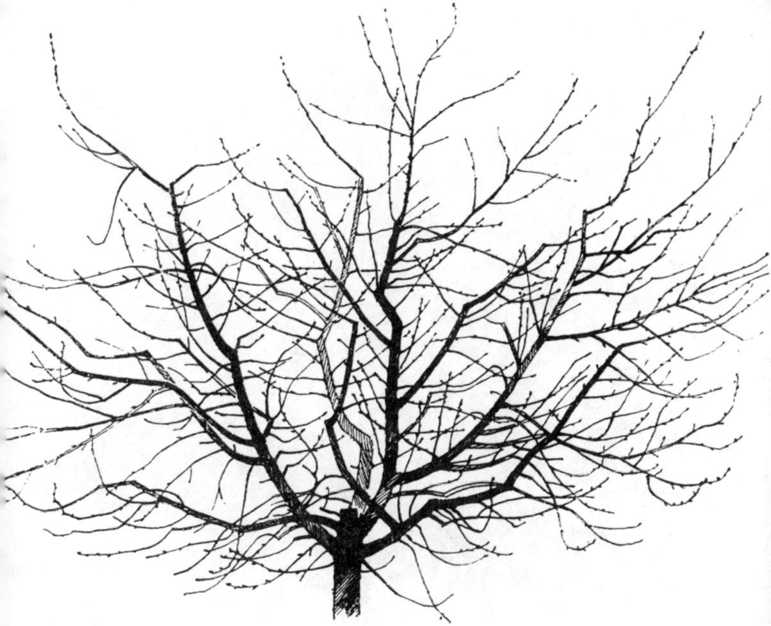

Nach zehn Jahren wurden – bei weitgehender Schonung des Grundgerüstes – wiederum einzelne Äste im Inneren der Krone und abgetragene Fruchtäste oder behindernde Jungtriebe fortgeschnitten. Überschreitet die Kronenentwicklung einen zugeteilten Standraum, ist ein Eingriff in den äußeren Kronenbereichen erforderlich, bei dem man auf weiter innen liegende Verzweigungen zurückgeht.

Schattenmorelle, bis zum zehnten Standjahr nicht geschnitten

Die niemals geschnittene und schon weitgehend überalterte Krone brachte höchste Erträge von geringer Qualität, die außerdem schwierig zu ernten waren. Sie ist in einer geschlossenen Obstanlage ohne größeren Schnitteingriff kaum noch zu erhalten.

Im ersten Behandlungsjahr wurden zunächst überflüssige, vor allem im Inneren stehende, größere Äste entfernt. Die Stammverlängerung wurde beseitigt und so eine Hohlkrone angestrebt. Schon dieser Eingriff wird die Jungtriebbildung anregen. Ein weiterer Schnitt im zweiten Jahr erfolgt wie auf Seite 115 dargestellt.

Verjüngung eines mäßig verkahlten Zweiges

Zu dicht stehende und vor allem hängende Vergabelungen mit verkahlten Zweigen werden beseitigt. Aufrecht stehende Triebe werden zum Wiederaufbau geschont.

Nachbehandlung eines ausgetriebenen verjüngten Zweiges

Durch den Rückschnitt ist in allen Teilen der Krone ein kräftiger Austrieb erfolgt und die Verkahlung rasch beseitigt. Die zu zahlreichen und schlecht im Raum verteilten Triebe werden entfernt.

Verjüngung eines stark verkahlten Zweiges

Nur durch sehr starken Rückschnitt auf einjährige Kurztriebe am Scheitelpunkt des Fruchtbogens und ihr Einkürzen auf wenige Augen ist eine – dann aber auch sichere – Neutriebbildung und Lebensverlängerung möglich.

Schnitt von Süßkirsche

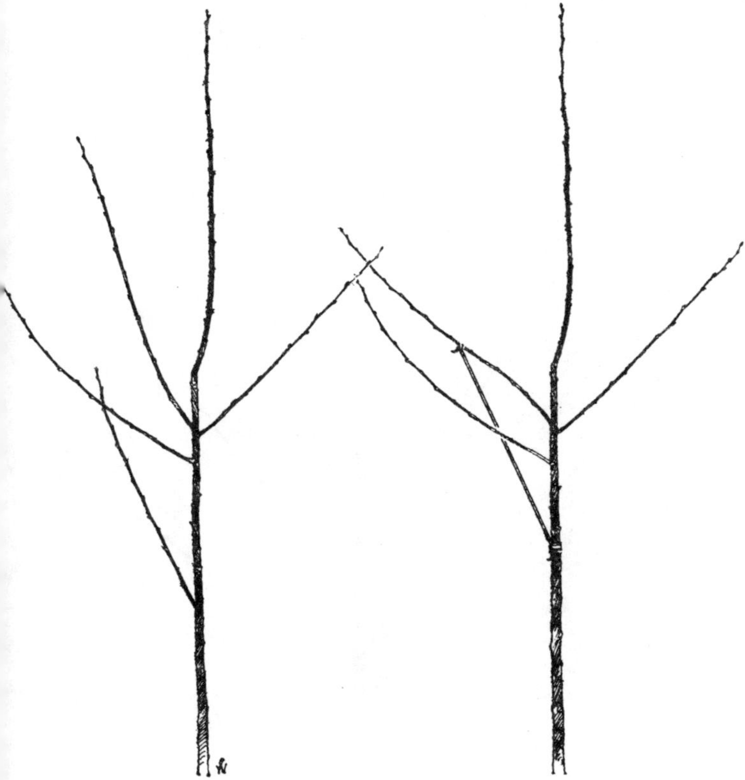

Süßkirsche nach einem Standjahr

Die Krone zeigt eine lockere Verteilung der Leittriebe. Der steile Seitentrieb kann schräg gebunden werden. Ein Rückschnitt der Jungtriebe unterbleibt, um eine möglichst schräge Stellung der Seitenäste zu fördern.

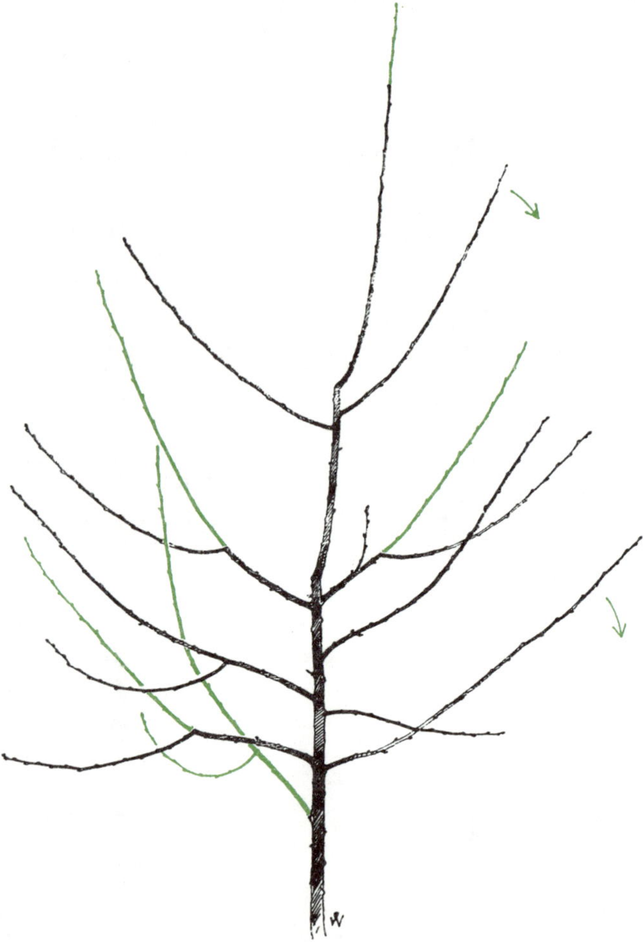

Süßkirsche nach drei Standjahren

Die Krone hat sich weiter aufgebaut. Sie bedarf nur eines geringen Schnitteingriffs. Durch den Verzicht auf den Rückschnitt des Mitteltriebes fehlt die vielfach übliche Häufung steil stehender Triebe, die sich später als dickere Äste behindern und dann leicht Gummifluß bilden.

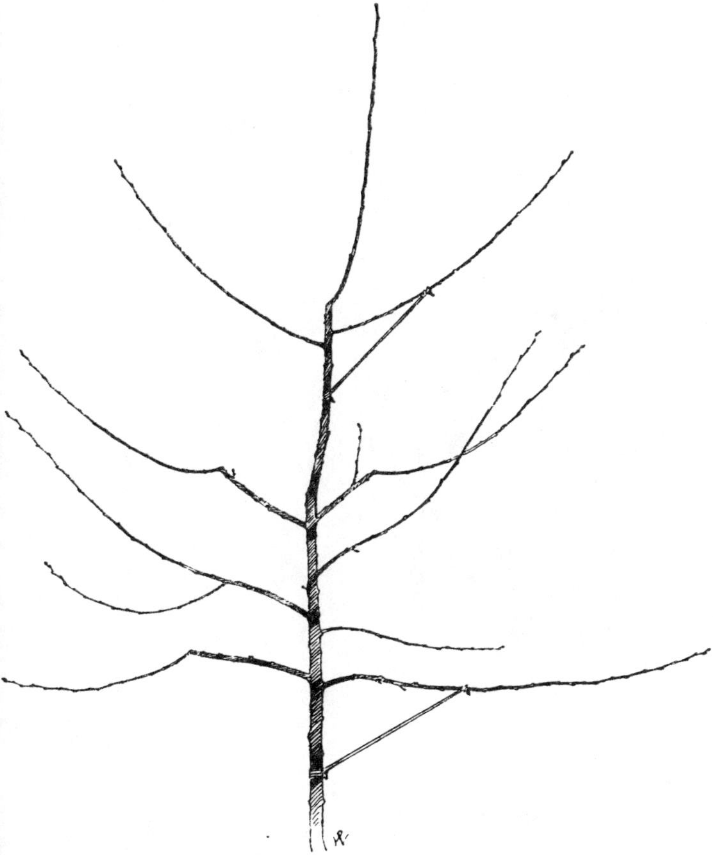

Um allgemein eine flachere Aststellung sicherzustellen, wurden zu steile Triebe auf schräge Seitentriebe abgeleitet oder im Einzelfall gebunden. Ein überlanger Leitast wurde mäßig eingekürzt.

Schnitt von Pfirsich

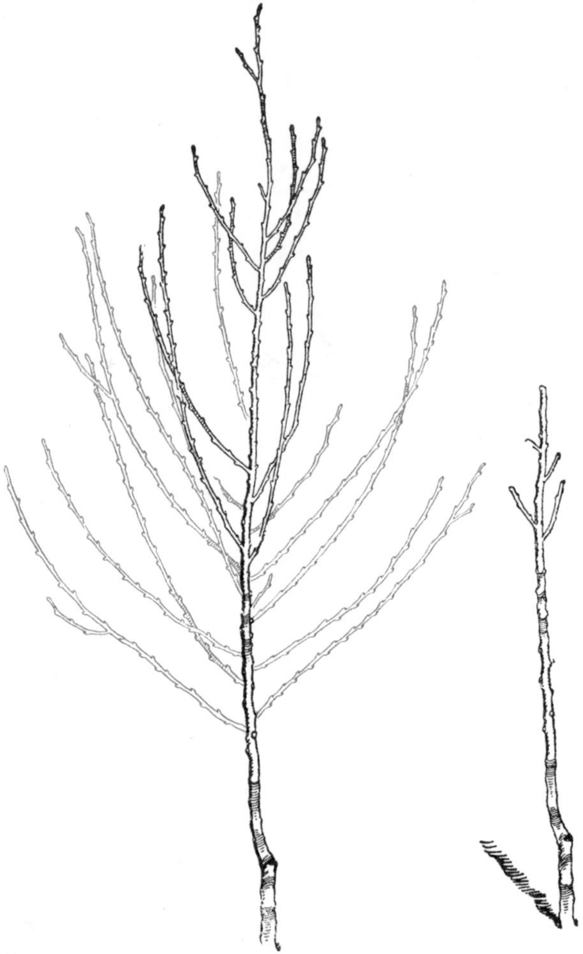

Pflanzschnitt der einjährigen Veredlung

Der Pflanzschnitt kann wie bei Schattenmorelle durchgeführt werden (s. Seite 106). Die unten am Stamm entstandenen, zu zahlreichen vorzeitigen Triebe werden entfernt. Man kann aber auch die Krone – wie rechts im Bild – kurz zurückschneiden.

Schnitt an junger und verkahlter Krone

Zur Ertragsbeschleunigung schont man an Jungbäumen alle nicht zum Kronenaufbau benötigten Triebe, vor allem jene an der Basis der Äste.

Mit beginnender, vor allem aber stärkerer Verkahlung wird ein scharfer Fruchtholzschnitt im Vorfrühlung unerläßlich, wobei an einjährigen Trieben ein Rückschnitt auf eine sogenannte echte Knospe erfolgt. Unter echter Knospe versteht man die Anordnung von zwei Blüten und einer Blattknospe.

Umveredlung von Kern- und Steinobst

Bei dieser Art der Trieberneuerung wird ein erheblicher Teil der ursprünglichen Baumkrone mit Hilfe der Veredelung durch eine andere Sorte ersetzt.
Die Umveredlung soll planvoll und nur dann erfolgen, wenn der Baum noch gesund ist und die kostspielige Arbeit durch nachfolgende Erträge lohnt. Ungeeignet für die Umveredlung sind überalterte Bäume und Gehölze auf obstbaulich schlechtem Standort.
Die Umveredlung wird bei Apfel und Birne häufiger durchgeführt als bei Pflaume und Kirsche oder gar bei Aprikose oder Pfirsich. Mit Ausnahme vom Pfirsich, bei dem nur die Okulation Erfolg hat, führt man bei allen übrigen Sorten das Umpfropfen mit Hilfe der Reisveredlung durch. Von den zahlreichen, im Laufe der Jahre entwickelten Veredlungsmethoden haben sich in der Praxis nur solche durchsetzen können, die bei einfacher Ausführung ein sicheres Anwachsen versprechen.
Man verbindet nur verträgliche Edelsorten miteinander, die sich in ihrer Triebstärke ergänzen. Der Erfolg ist am sichersten, wenn die aufzupfropfende Edelsorte starkwüchsiger ist als die bisherige Sorte.
Die Arbeit wird zweckmäßig folgendermaßen eingeteilt: Schneiden der Edelreiser und Einschlagen in einen genügend feuchten, kühlen und vor stärkeren Frösten geschützten Platz um die Jahreswende. Abwerfen der Altkronen im Nachwinter bis Mitte März; Nachschneiden der Pfropfköpfe der Altkronen unmittelbar vor der Veredlung in der Zeit von Mitte März bis Ende Mai. (Der Zeitpunkt wird durch das Veredlungsverfahren bestimmt.) Nachbehandlung der Pfropfköpfe im Sommer der Veredlung; unbedingte mehrjährige, systematische Schnittpflege an der Alt- und Jungkrone, bis ihr Aufbau gesichert ist.

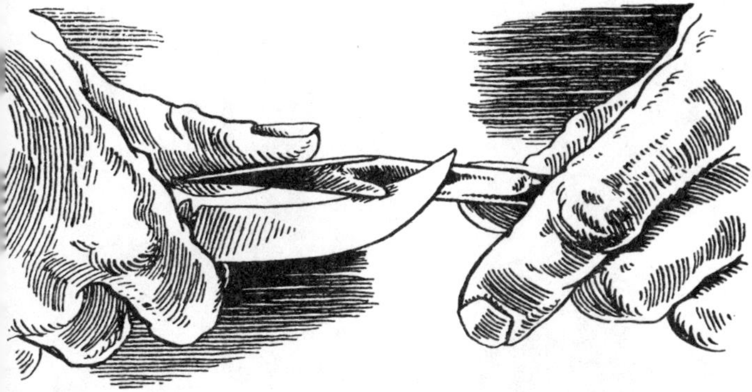

Geißfußveredlung

Das Edelreis wird mit zwei schräg zueinander liegenden ziehenden Schnitten so keilförmig zugeschnitten, daß diese 3–4 cm lang sind und das Auge etwa in der Mitte gegenüber der Schnittwunde liegt. Ein Teil der Rindenzunge wird entfernt.

Weiter löst man mit der gleichen Veredlungshippe durch ziehende Schnitte einen nach Breite und Länge gleichförmigen Keil aus der Unterlage.

Das Edelreis wird so weit in den Keilausschnitt eingeschoben, daß sich die Wundränder von Unterlage und Reis berühren. Zur Förderung der Verheilung läßt man die Schnittstelle des Reises etwa 3–4 mm über den Pfropfkopf hinausragen. Das untere Edelauge im Keil muß mindestens 5 mm unter der Oberkante des Pfropfkopfes liegen.

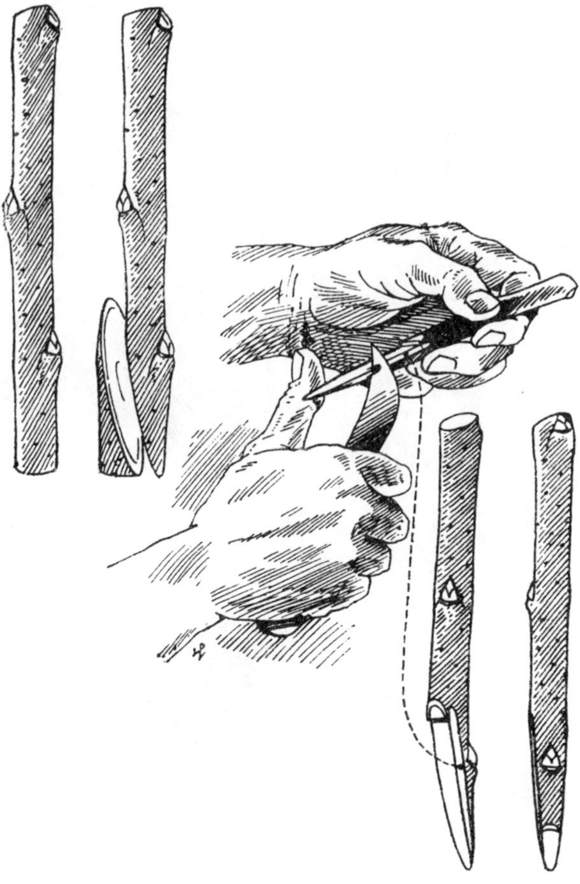

Verbessertes Pfropfen hinter die Rinde

Etwa am oberen Ende eines normalen Kopulationsschnittes wird ein horizontaler Schnitt durchgeführt. Anschließend schneidet man mit einem ziehenden Längsschnitt einen Sattel aus. Zur Vergrößerung der Berührungsfläche der Wunden von Reis und Unterlage kann man die Rinde des Reises auf beiden Seiten bis zum Sattel und an der Spitze anschneiden.

Durch einen etwa 4 cm langen Schnitt von unten nach oben und das Lösen der Rinde von oben nach unten entsteht im Pfropfkopf Platz für das einzufügende Edelreis. Es wird bis zum Sattel eingeschoben. Das untere Edelauge muß 5 mm unterhalb der Oberkante des Pfropfkopfes liegen.

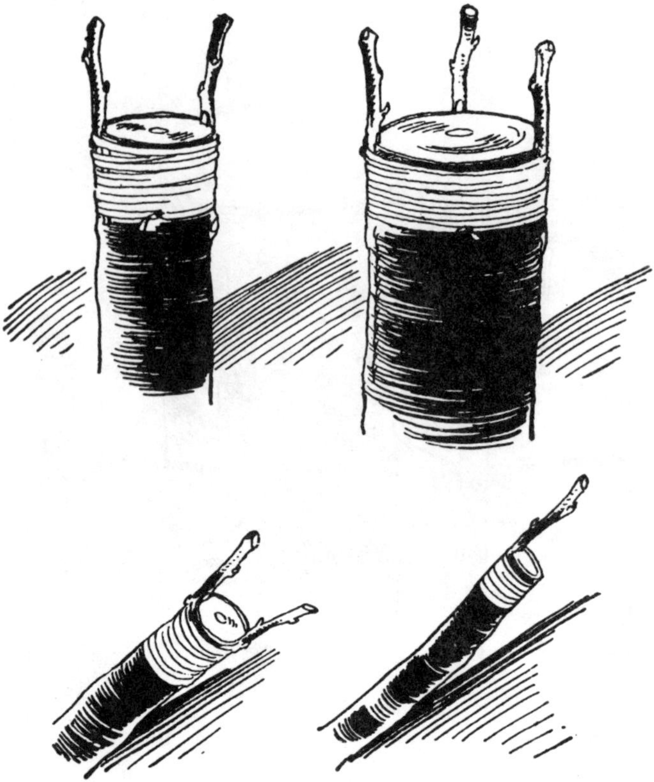

Reisstellung am Pfropfkopf

Die Stellung der Reiser am Pfropfkopf richtet sich nach der Lage des Astes und nach der erforderlichen Anzahl der Edelreiser. Bei senkrechter Aststellung kann eine beliebige, gleichmäßige Anordnung erfolgen. An einem schrägstehenden Ast werden ein Reis (bis 4 cm Kopfstärke) an der Oberkante des Pfropfkopfes, zwei Reiser (bis 6 cm Kopfstärke) oben und unten eingefügt.

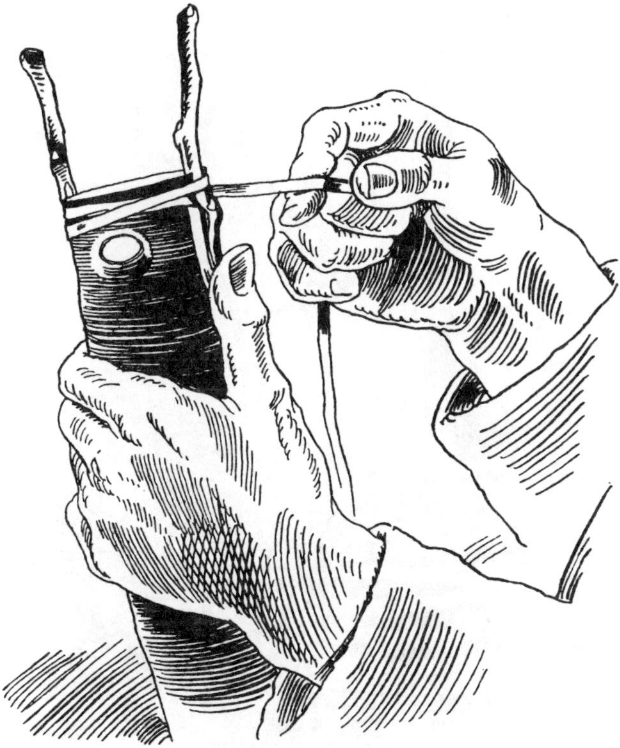

Verbinden und Verstreichen

Von oben beginnend legt man mit einem haltbaren und genügend langen Faden einen lückigen, aber festen Verband um den Pfropfkopf.

Um das Austrocknen der Wundfläche zu vermeiden und Luft und Nässe fernzuhalten, werden alle offenliegenden Rindenwunden an Reis *und* Unterlage sofort und sehr sorgfältig, d. h. lückenlos mit Baumwachs verstrichen.

Sommernachbehandlung des Pfropfkopfes

Das Einschnüren des Bastverbandes wird durch rechtzeitiges Aufschneiden vermieden. Zur Förderung des Edeltriebes werden bald alle Unterlagenaustriebe an den oberen 30 cm des Pfropfkopfes fortgeschnitten.

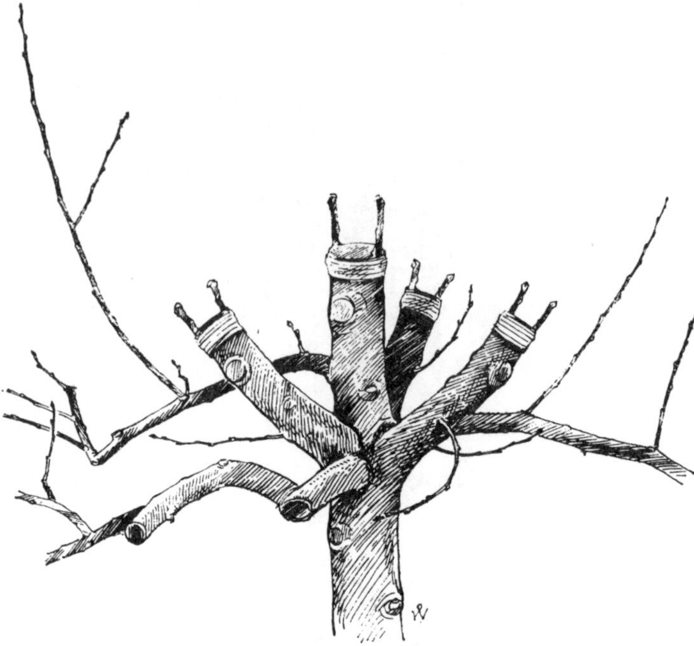

Vorbereitung der umzuveredelnden Altkrone

Bis auf die erforderlichen Zugäste der Unterlagensorte werden die für den zukünftigen Kronenaufbau verwendbaren Haupttäste im flachen Winkel zurückgeschnitten.

Nachbehandlung der umveredelten Krone nach einem Entwicklungsjahr

Während der Vegetation sind die Zugäste und aufveredelten Reiser ausgetrieben. Im Sommer werden die am Pfropfkopf stehenden Zweitreiser waagerecht gebunden, um sie bald zu Fruchtholz zu entwickeln. Im Winter werden alle Zugäste der Altsorte bis zum Ansatz abgesägt, weil die kräftig ausgebildete Neukrone den Saftstrom ohne Schaden aufnehmen kann.

Jeweils ein Reis hat einen kräftigen Ast entwickelt, der als Leittriebverlängerung verwendet wird. Die waagerecht wachsenden bzw. gebundenen Äste aus den jeweils zweiten Reisern sind schwächer geblieben. An ihnen entstehen bald Fruchtknospen. Ohne das Abspreizen der jungen Leitastverlängerungen würden die Seitenäste zu steil und von vornherein zu dicht stehen.

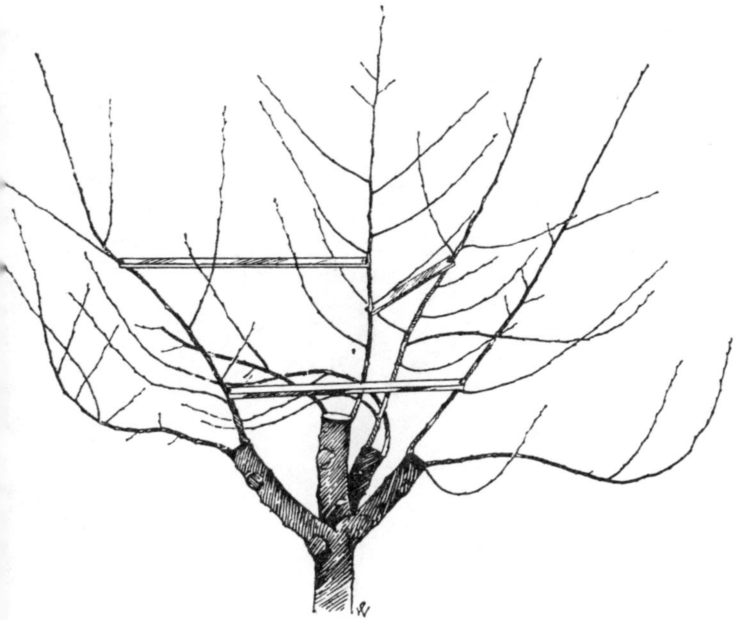

Von den zu zahlreichen vorzeitigen Trieben wurden die starken und steil stehenden fortgeschnitten. Die Verlängerung des Mitteltriebes soll über jene der Seitenäste hinausragen. Die Seitenastverlängerungen sollen in einer Höhe enden, deswegen wird man auf eine Ebene (Saftwaage) zurückschneiden oder ableiten. An den waagerechten Fruchtästen wurden einjährige Triebe nicht eingekürzt.

Wiederaufbau einer Umveredlung nach vier Entwicklungsjahren

Die Entwicklung einer umverdelten Krone erfolgt rascher als der übliche Aufbau einer Jungkrone. Sie besteht aus Gerüstaufbau- und Tragästen. Beim Schnitt gilt es, die Leitäste durch evtl. Ableiten genügend schräg zu stellen und an den Fruchtästen mehr waagerecht stehende Jungtriebe zu belassen.

Beerenobst

Der strauchartige Wuchs von Stachel- und Johannisbeeren entsteht dadurch, daß sich mehrere Sproßaugen an der Basis in gleicher Stärke entwickeln und gleichmäßig im Austrieb gefördert werden. Die Sproßerneuerung erfolgt immer wieder aus dem Wurzelstock heraus. Das Fruchtholz befindet sich vorwiegend an mehrjährigen Kurztrieben und trägt im zweiten und dritten Jahr die besten Früchte.
Die *Himbeere* bildet Einzelruten, die im zweiten Jahr Nebentriebe mit Fruchtknospen entwickeln. Diese Ruten sterben stets nach zwei Jahren ab. Sie wachsen ebenso aus Triebaugen der Wurzel wie bei der Brombeere. Diese sind aber mehrere Jahre lebensfähig. Sie bilden an den vorzeitigen Trieben im gleichen Jahre oder im zweiten Jahr blütentragende Kurztriebe aus.
Über *Art* und *Notwendigkeit* des Schnittes von Beerenobst bestehen noch keine übereinstimmenden Vorstellungen. Unerläßlich sind Pflanz- und Auslichtungsschnitt und der Fruchtholzschnitt bei Stachelbeeren dann, wenn die Spitzen der Jungtriebe von Mehltau befallen sind, und wenn Johannisbeere auf Grund ihrer Veranlagung nicht genügend Nebentriebe als Fruchtträger entwickeln. Auch bei Himbeeren müssen die absterbenden Ruten jährlich entfernt werden.

Pflanzschnitt an einem Johannisbeerbusch

Je nach Qualität haben Johannisbeersträucher drei bis fünf, fünf bis acht, oder acht bis zwölf Triebe. Zum Gerüstaufbau werden aber nur etwa sechs kräftige einjährige Triebe benötigt. Zu schwache und zu eng stehende Austriebe werden beseitigt. Bei schwachen Roten Johannisbeeren erfolgt ein Rückschnitt um die Hälfte, bei stärkeren um ein Drittel auf etwa die gleiche Endhöhe. Schwarze Johannisbeeren werden vielfach nicht zurückgeschnitten.

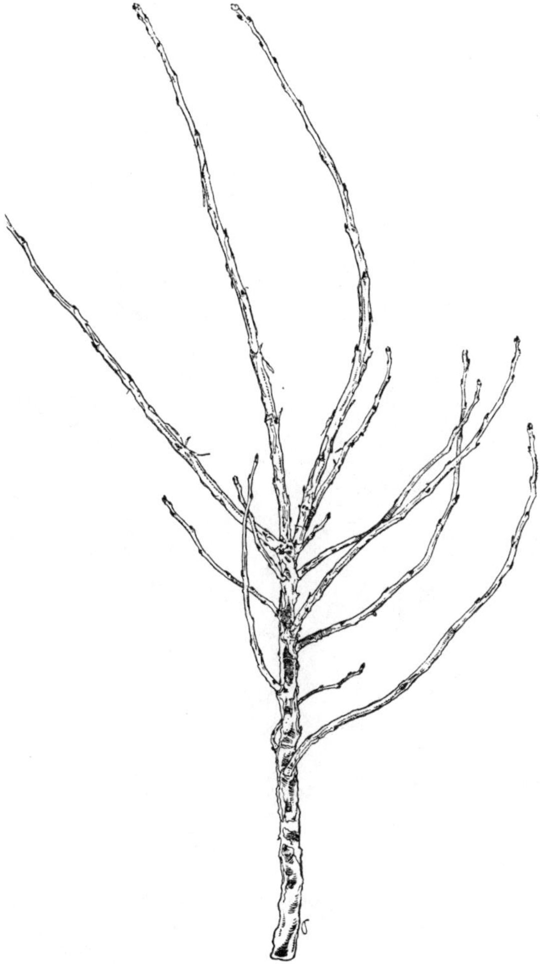

Fruchtholzschnitt

Bei Schwarzen Johannisbeeren werden die Jungtriebe nicht eingekürzt. Bei Roten Johannisbeeren führt man einen Fruchtholzschnitt, d. h. einen Rückschnitt der Triebe, nur dann aus, wenn die Nebentrieb- und damit die Fruchtholzbildung unzureichend ist.

Zur Förderung der Fruchtqualität werden Büsche und Spaliere von Johannisbeeren einem scharfen Fruchtholzschnitt unterworfen.

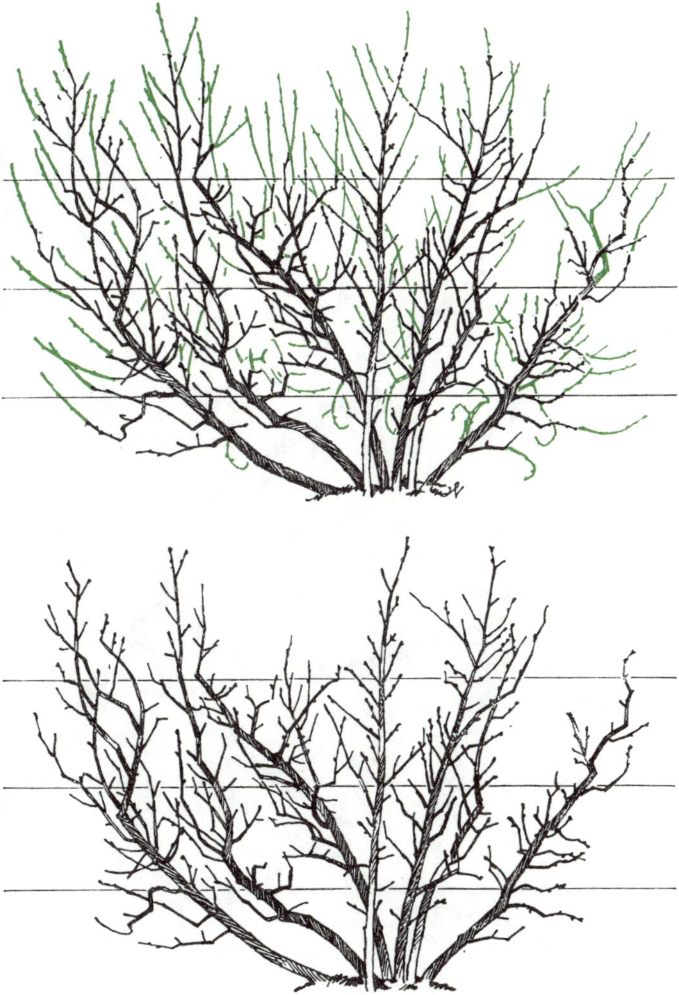

Fruchtholzschnitt eines Spaliers von Roter Johannisbeere

Er besteht aus dem Entfernen überalterter Aufbauäste, dem Ableiten auf tiefer liegende Nebentriebe und dem vereinzelten Einkürzen der Jungtriebe.

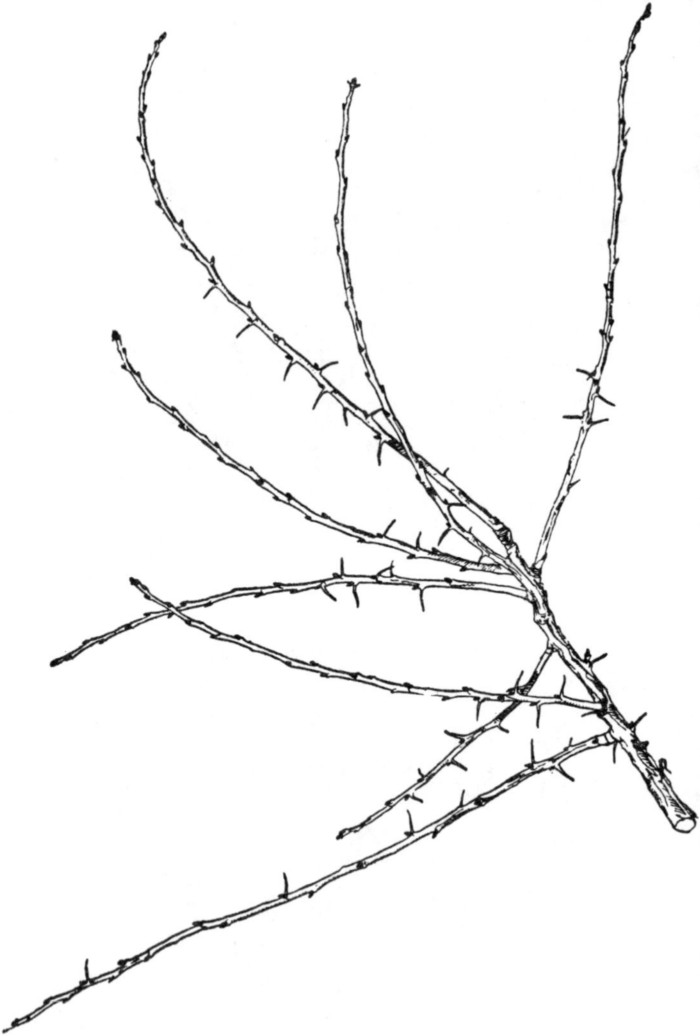

Bei Stachelbeeren wird ein Fruchtholzschnitt durchgeführt, um einmal den Austrieb und die Fruchtgröße zu fördern und zum anderen die mit Stachelbeermehltau befallenen Triebspitzen zu beseitigen.

Der gezeigte Zweig wurde im Vorjahr zurückgeschnitten und nun auf die erforderliche Triebzahl beschränkt. Man kürzt die Triebe etwa um ein Drittel der Länge ein.

Auslichtungsschnitt von Stachel- und Johannisbeersträuchern

Im allgemeinen sind Beerensträucher zu dicht. Sie haben dunkelrindigen Altwuchs, der nur wenige und kleine Früchte bringt, und vielfach zu schwache, aus dem Boden kommende Jungtriebe.

Der Schnitt muß so erfolgen, daß je nach Beerenobstart und Sorte neun bis zwölf Haupttriebe vorhanden sind. Davon sollte ein Drittel einjährig, ein Drittel zweijährig und ein Drittel dreijährig sein. Älter als dreijährig sollte das Holz nie werden.

Zum Schutz vor Verletzungen durch die Dornen verwendet man zur Entfernung des alten Holzes bis in Bodennähe eine Astschere mit langem Griff. Von den hellrindigen, aus dem Wurzelstock kommenden Jungtrieben werden nur so viele kräftige belassen, wie zum Aufbau des Busches, d. h. zum Ersatz für entfernte ältere Zweige, notwendig sind, in der Regel drei oder vier.

Alle längeren, einjährigen Triebe müssen dann um ein Drittel eingekürzt werden, wenn ihre Spitzen bei Stachelbeeren von Mehltau befallen sind.

Schnitt von Himbeere

Zur Förderung des Anwachsens und zur Anregung der Wurzelschoßbildung werden frisch gepflanzte Himbeeren an feuchten Standorten auf 50 cm Länge, in trockenem Boden bis kurz über der Erdoberfläche abgeschnitten. Alle zweijährigen Ruten an der Pflanze, die stets absterben, werden unmittelbar nach der Ernte direkt über der Erdoberfläche beseitigt. So wird die Verbreitung der gefürchteten Rutenkrankheit, die auch von diesen Trieben ausgeht, erschwert. Da ein guter, gepflegter Himbeerbestand in der Regel viel Jungruten bildet, müssen auch hier aus der Reihe und zu dicht stehende Ruten entfernt werden. Je lfdm sollten letztlich nicht mehr als 6 junge, kräftige Ruten stehen.

Schnitt von stachelloser Brombeere als Hecke

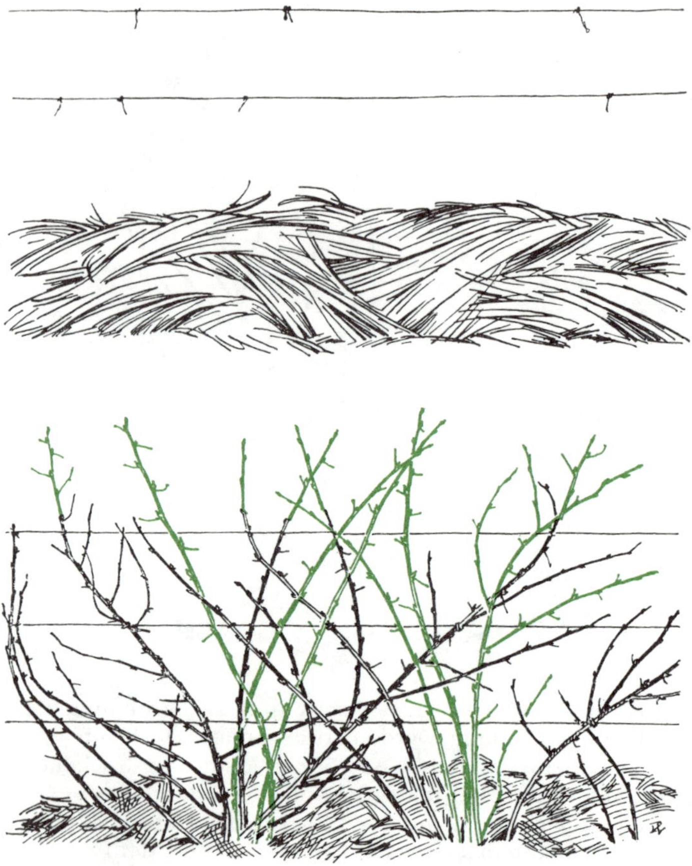

Die am Boden liegenden einjährigen Ranken sind frostempfindlich. Sie sollen im Winter geschlossen dünn mit Stroh abgedeckt werden. Im Frühjahr werden ältere Ruten beseitigt und ein neues Spalier mit den Jungtrieben an Drähten hochgebunden.

Weinreben

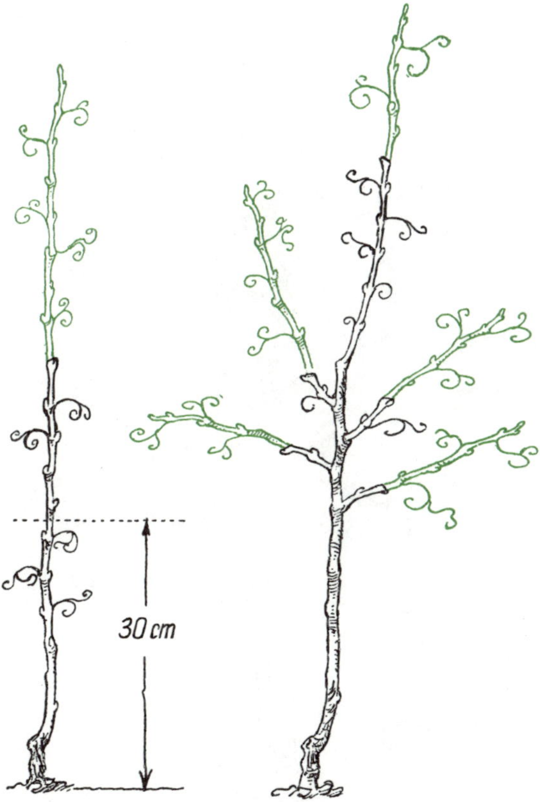

Nach einem Standjahr wird die Rebe auf 30 cm Stammlänge plus sechs Augen beschränkt. Im folgenden Jahr schneidet man die Seitentriebe auf etwa zwei, den Verlängerungstrieb auf etwa sechs Augen.

Schwachtreibende und am kurzen Holz tragende Sorten werden dem *Zapfenschnitt* im Vorfrühling unterworfen.

Der *Bogrebenschnitt* wird bei starktriebigen und an langem Fruchtholz tragenden Rebensorten angewandt.

Art und Zeitpunkt des Schnittes bei den verschiedenen Obstgehölzen

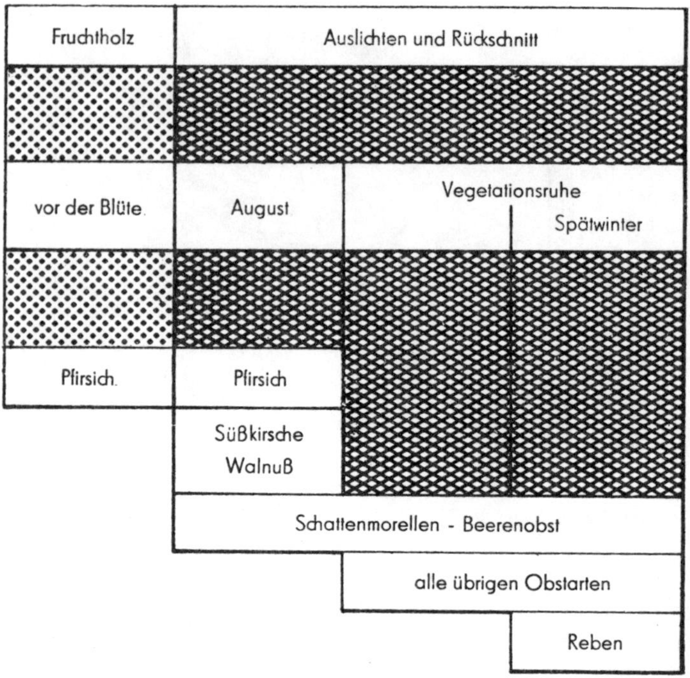